書いてはいけない
日本経済墜落の真相
森永卓郎
MORINAGA TAKURO

まえがき

けっして触れてはいけない「タブー」

私がテレビやラジオなど、メディアの仕事をするようになって四半世紀以上が経過した。その経験のなかで、メディアでは、けっして触れてはいけない「タブー」が3つ存在した。

（1）ジャニーズの性加害
（2）財務省のカルト的財政緊縮主義
（3）日本航空123便の墜落事件

この3つに関しては、関係者の多くが知っているにもかかわらず、本当のことを言ったら、瞬時にメディアに出られなくなるというオキテが存在する。それだけではなく、世間から非難の猛攻撃を受ける。下手をすると、逮捕され、裁判でも負ける。

だから、賢い人はそうした話題には最初から触れない。知らぬ存ぜぬを貫くことだけがメディアに出続けるために必要なことだからだ。ただ、私はそうした態度を取ることができない性格だ。そこで2022年の年末から2023年の年初にかけて、『ザイム真理教』という本を一気に書き上げた。タブーのなかの1つである「財務省のカルト的財政均衡主義」に斬り込み、それが日本経済にとてつもない惨禍《さんか》をもたらしていると主張する本だ。

書いた内容は、政府関係者や富裕層全員が知っている話だ。刊行後、ある読者から届いた感想のなかに「この本に書かれていることは、何一つ新しいことはないが、誰もそれを書いてはこなかった。それを書いた勇気は称賛に値する」というものがあった。ただ、勇気だけの問題ではなかった。出版ができたこと自体が奇跡だったのだ。

じつは『ザイム真理教』の原稿を書きあげた私は、それを付き合いのある大手出版社の編集者に送った。事前に許可は取っていなかったが、当然出版してくれるだろうと高をくくっていた。それまでの数年間、自分自身で書いた本は軒並み増刷までいっていた。出版社は、本が増刷になれば利益を出せる構造になっている。ほぼ確実に利益を出せる本を断るはずがないと思っていたのだ。

ところが、答えはNOだった。どこが悪いという話ではなく、そもそも財務省をカルト教団に見立てること自体が拒否の理由だった。最初の出版社に断られて、私はすぐに別の出版社に原稿を回した。それは拒絶の連鎖を生んだ。3カ月もそんな状態が続いて、私は出版を半分あきらめかけていた。

ただ、どうしても自分の主張を世に問いたいと考えて、最後の望みを託して、三五館シンシャという出版社の中野長武社長にメールを送った。面識はなかったのだが、現役メガバンク銀行員やディズニーキャストが自身の仕事を赤裸々に描いた「日記シリーズ」がヒットしている骨のある出版社だった。

中野社長からの返信メールはすぐに届いた。

「この原稿は世のなかに問う価値のあるものだと思います。ぜひ出版しましょう」

私はとても喜んだのだが、念のため確認をした。

「本にして出すと御社にもさまざまなリスクが及ぶ可能性がありますが、その点は大丈夫でしょうか？」

すると、もっと早く返事が来た。

「大丈夫です。当社は私一人でやっていますので、一緒にリスクをかぶりましょう」

そのときまで知らなかったのだが、三五館シンシャは、社長の中野氏が勤めていた三五館という出版社が倒産した後、一人で出版業を続けるために立ち上げた会社だった。「シンシャ」という名前には「新社」と、支えてくれた人たちへの「深謝」の意味が込められているのだという。一人でやっているから決断は速いし、何より思い切った行動が取れる。

こうして2023年5月に出版された『ザイム真理教』は発売早々から経済書のベストセラーとなり、一時期はアマゾンで和書ランキング総合2位まで駆けあがり、部数は10万部を超えた。

正直言うと、私はこの本を出せたことで、自分の役割は終わったと考えていた。だから残りの人生はひっそりと穏やかに、自分の好きなことだけをして生きていこうと考えていた。

しかし、日本社会に大きなうねりが生まれた。2023年3月、イギリスのBBCが「J－POPの捕食者」というタイトルのドキュメンタリー番組で、ジャニー喜多川氏の性加害とメディアに与えた強い影響力を調査し、社会が見て見ぬふりをすることの残酷な結果を詳細に報じたのだ。

そこからの展開は速かった。4月12日には、BBCの放送に呼応する形で、元ジャニーズJr.のカウアン・オカモト氏が、日本外国特派員協会で会見し、ジャニー氏から受けた性被害の実態を告白した。

6月26日には、ジャニーズ事務所に所属した経験を持ち、またジャニー喜多川氏による性被害を被った人たちを中心に「ジャニーズ性加害問題当事者の会」が創設され、告発を行なった。

8月4日には、国連人権理事会の「ビジネスと人権」作業部会の専門家が、日本記者クラブで記者会見した。元ジャニーズJr.のタレントや事務所社長らから聞き取りを行なった結果、「事務所のタレント数百人が性的搾取と虐待に巻き込まれるという深く憂慮すべき疑惑が明らかになった。日本のメディア企業は数十年にわたり、不祥事のもみ消しに加担した」と強く批判した。

そして、9月7日に「運命の日」が訪れた。ジャニーズ事務所が会見を開いて、「性加害の認定」と「謝罪」を行なったのだ。BBCの放送からたった半年後の出来事だった。さらに10月2日に開かれたジャニーズ事務所の2回目の会見では、「ジャニーズ」という名称の変更、タレント育成からの完全撤退と、被害者の救済・補償を行なった後の廃業が宣言された。

正直言って、私は3つのタブーのうち、ジャニー喜多川氏の性加害問題の解決がもっとも難しいと考えていた。しかし、メディアが動いたことで、事態は急速に展開した。世のなかは変えられるのだと感じたのだ。

ただ、同時にメディアの動きはまだ十分ではないとも感じた。ジャニーズ事務所の2回目の会見の後、これまで一緒に仕事をしてきた芸能レポーターの人たちが「ジャニー氏の性加害のことは噂では聞いていたが、本当かどうかはわからなかった」と口を揃えたのだ。

なぜ彼らは口をつぐむのか？

私は芸能界の末端の末端、というより「圏外」のところで活動している。その私でさえ、ジャニー氏の性加害のことは詳しく聞かされてきた。

ジャニー氏の性加害を受け入れることがデビューのための登竜門になっていること、性加害がデビュー後も継続されていること、犯行現場である合宿所の構造やそこで行なわれていることなどだ。あるジャニーズタレントが突然筋トレを始めて筋骨隆々になった。ジャニー氏はマッチョ系が嫌いなので、筋トレで体を鍛えればジャニー氏に襲われなくなる。それが筋トレの大きな動機になったという噂も耳にした。

私でも詳細を知っているのに、日々ジャニーズと接している芸能レポーターが知らないはずがない。では、なぜ彼らは口をつぐんでいるのか。

たぶん、それまで私が口をつぐんでいたのと理由は同じだろう。私自身が告発しなかった理由は「保身」のためだ。

もし、少しでもジャニー氏の行動を非難したら、ジャニーズ事務所からの圧力で瞬時にテレビやラジオから干されてしまう。私自身はそもそも敵が多い。財務省やハゲタカファンド、竹中平蔵氏などだ。彼らとの戦いのなかで干されるのであればまだしも、本業ではない芸能界のことで干されたりしたら、たまったものではないと考えたのだ。

ただ、もう黙っているわけにはいかない。国連人権理事会が批判した「日本のメディア企業は数十年にわたり、不祥事のもみ消しに加担した」という事態の改善が遅々として進んでいないからだ。

いまや情報番組から報道番組まで、ジャニー喜多川氏の性加害や被害者への補償、事務所の経営問題に関しては、連日のように採り上げている。しかし、メディアの責任に関しては、ほとんど検証が行なわれていない。それどころか、いまだに「メディアの責任」に関しては、事実上の言論統制が続いているのだ。

その象徴となるようなことが、ジャニーズ事務所の2回目の記者会見で起きた。2回目の記者会見は、2時間という時間制限を設けたうえで、司会者が手を挙げた記者のなかから質問者を指名するという形式で行なわれた。ところが、いくら手を挙げても、ジャニーズ事務所に厳しい質問をぶつける記者は指名されなかった。指名されない記者から「茶番じゃないか」という抗議の声が上がったが、司会者が「フェアです」と応酬し、会場は騒然となった。そこでジャニーズアイランドの井ノ原快彦《よしひこ》社長が「皆さん、落ち着いて。子どもたちも見ているんですから」と、その場を収めにかかった。

そのとき、一部の記者から拍手が沸きあがったのだ。私は総会屋の入った株主総会を思い出した。不祥事を起こした経営陣に対して、その立場を擁護する発言を総会屋が行なう。すると、それを取り巻くサクラが「そうだ。そのとおり!」と叫んで、総会の進行を手助けするのだ。

ジャニーズ事務所は変わったが、一番変わっていないものこそ日本の大手メディアなのだ。

じつは、前述の3つのタブーに関しては共通の構造がある。

①絶対的権力者が、人権や人命や財産に関して深刻な侵害を行なう。
②その事実をメディアが報道せず、被害が拡大、長期化していく。
③そうした事態について、警察も検察も見て見ぬふりをする。
④残酷な事態が社会に構造的に組み込まれていく。

本書で私が行なうのは、そうした現状を打破するための告発である。

もちろん大きなリスクがあるのは承知だ。逮捕されるかもしれないし、命を狙われるかもしれないし、訴訟を起こされるかもしれない。それだけのリスクを取ってもメディアは動いてくれない可能性が高い。それでも私は勇気を持つべきだと決断した。

ジャニー氏の性加害を告発したカウアン・オカモト氏や「当事者の会」の皆さんは、とてつもない数の誹謗中傷にさらされたという。「ウソつき」「カネ目当て」「ひがみ」などあらゆる罵声が浴びせかけられた。

しかし、ジャニーズ問題を白日の下にさらすことができた最大の貢献者は彼らであり、芸能界で続いてきた重大な人権侵害にストップをかけられる可能性が出てきたのは彼ら告発者のおかげなのだ。

私も彼らの勇気を見習って、この四半世紀に自分の目で見てきた〝真実〟を本書で明らかにしていこうと思う。

願わくば報道が動いてほしいと思っている。私自身、解決はほぼ不可能だと考えていたジャニーズ事務所の性加害問題も、報道が動くことで劇的に事態が進んだからだ。

書いてはいけない◎もくじ

第2章 ザイム真理教

第3章 日航123便はなぜ墜落したのか

第4章 日本経済墜落の真相

装幀◎原田恵都子（ハラダ＋ハラダ）
イラスト◎大嶋奈都子
本文校正◎円水社
本文組版◎閏月社

第1章

ジャニーズ事務所

無視された東京高裁判決

2003年7月、東京高裁で重大な判決が下された。1999年10月から「週刊文春」が14週にわたって行なったジャニー喜多川氏による性加害を追及したキャンペーン記事に対して、ジャニー喜多川氏とジャニーズ事務所が発行元の文藝春秋を名誉毀損で訴えた裁判の控訴審判決だ。

判決は次のように述べてジャニー氏の性加害を認めた。

「セクハラに関する記事の重要な部分について真実であることの証明があった」「少年らが逆らえばステージの立ち位置が悪くなったりデビューできなくなるという抗拒《こうきょ》不能な状況があるのに乗じ、セクハラ行為をしているとの記述については、いわゆる真実性の抗弁が認められ、かつ、公共の利害に関する事実に係わるものであるほか、公益を図る目的でその掲載頒布《はんぷ》がされたもの」「少年らが自ら捜査機関に申告することも、保護者に事実を打ち明けることもしなかったとしても不自然であるとはいえず（中略）セクハラ行為を断れば、ステージの立ち位置が悪くなったり、デビューできなくなると考えたということも十分首肯《しゅこう》できる」

つまりこういうことだ。少年たちは、ステージの立ち位置を後ろに回されたり、デビューできなくなることを恐れて、ジャニー氏の性加害を拒絶することはできなかったし、自分たちが性被害を受けている事実も、捜査機関や保護者に打ち明けることもできなかった。

今となっては、ジャニーズ事務所も事実を認め、広く世間に知られることになったジャニー氏による性加害が、20年以上も前の判決で明らかになっていたのだ。

ちなみにジャニー喜多川氏とジャニーズ事務所は最高裁に上告したが、最高裁は棄却し、2004年2月に、この東京高裁の判決が確定した。

もちろんこれは民事事件の判決だが、東京高裁が認定した事実は、抵抗することができない少年を権力にものを言わせて次々に強姦したということだから、明らかに刑事事件に相当する。本来ならば、この判決を受けて、警察が捜査に乗り出すべきだった。

しかし、警察は動かなかった。その最大の理由は、マスコミが騒がなかったからだ。これだけ重大な判決が下されたのにもかかわらず、その事実はほとんど報道されなかったのだ。

もしこの時点でマスコミがジャニーズ事務所の追及に出ていれば、これ以降、数百人の少年たちがジャニー喜多川氏の毒牙にかかることを防げたはずだ。

その点に関して、東京新聞が2023年10月3日に「私たちは反省します　東京新聞はジャニー喜多川氏の性加害問題に向き合えていませんでした」と題する記事を公開している。

本紙は週刊文春の報道後も、問題を正面から取り上げることはありませんでした。裁判の一、二審判決は掲載しましたが、二審判決の扱いは小さく最高裁の上告棄却は掲載していません。２０１９年7月に喜多川氏が死亡したときも、本紙は「所属タレントへのセクハラを報じられ、民事裁判で争った」と言及しただけです。

国内メディアの沈黙が続く中、英ＢＢＣ放送が今年3月に喜多川氏の性加害問題を報じると、4月12日には元ジャニーズJr.のカウアン・オカモトさんが外国特派員協会で会見して被害を告白しました。

本紙はカウアンさんの会見以降、性加害問題の報道を続けていますが、読者から「ジャニーズ事務所から恩恵を受けていた報道機関が忖度《そんたく》した」「（マスコミは）事務所怖さに看過してきたように見られる」という批判が届いています。

性加害を認定した高裁判決時に裁判取材に関わっていた本紙の複数の記者に聞くと、いずれも「全く覚えていない」という反応でした。私自身、最高裁決定時に裁判を扱う司法記者クラブにいましたが記憶にありません。

私たちは記事にすると何らかの不利益があるから書かなかったのではなく、「しょせん芸能界のスキャンダル」というような意識で軽視していました。だからこそ、記憶にも残らない話題だったのです。

芸能記者も「顔見知りの記者の携帯にしか出てくれない事務所なので、批判的な記事が出た後は取材がやりにくいだろうなという面倒くささは感じたが、不都合なことは書けないという意識はなかった」と忖度は否定しました。

しかし、忖度がなかったからといって免罪されるわけではありません。東京工業大の中島岳志教授はメディアや企業の態度は『『沈黙』から『雪崩』への手のひら返し」で「自らの責任を不問にした上で、新しい空気に便乗する行為」と批判します。

「沈黙」の責任を考えてみます。多くのメディアの認識は「問題だと思ったが、不利益をこうむらないように取り上げなかった」か「たいした問題だとも思わなかった」に大別できるかもしれません。一見すると前者の方が悪質かもしれませんが、報道に携わる者としては問題とすら思わなかったことは深刻です。未成年者の性被害は「芸能界スキャンダル」ではなく人権の問題だからです。

「当時はそういう時代だった」という言葉が社内でも聞かれます。しかし、人々の意識が変わった今も、私たちはBBCが放送するまで報道しませんでした。その人権意識の低さを反省しなければなりません。反省なきままジャニーズ報道を続けることは、中島氏の言う「責任を不問にして、新しい空気に便乗する」ことです。

ＬＧＢＴＱ、女性の社会進出、障害者の権利、MeToo運動…。さまざまな問題は一部の人たちが勇気を出して声を上げ、メディアがその声を発信して、社会は変化してきました。

私たちは、弱い者の声、少数者の声を大切にする新聞でありたいと思っています。しかし、ジャニーズ問題ではそれができませんでした。このことを深く反省し、弱者に寄り添った報道を続けることを約束します。

もちろん高裁判決をきちんと報道しなかったのは、東京新聞だけでなく、主要新聞もまったく同じだ。そして、テレビ局やラジオ局、「週刊文春」を除く週刊誌、芸能誌もこぞって判決を無視した。それはなぜなのか？

私は、ジャニーズ事務所の圧力に屈したからだと考えている。

１９９０年代半ばくらいから、ジャニーズ事務所は芸能界で圧倒的な権力を持つようになっていた。それに逆らえば、ジャニーズのタレントに出演してもらえなくなるだけでなく、さまざまな報復を受ける可能性が高まっていた。マスメディアは「保身」のために黙殺を続けたのだ。

そのことを明らかにするために、まずジャニーズ事務所の権力がどのように生まれたのかという観点から見ていこう。

推しを育てるというビジネスモデル

私はこれまで出演するテレビ番組で、複数のジャニーズのタレントたちと共演してきた。ジャニーズJr.の冠番組にもゲストとして招かれたこともある。彼らは総じて真面目で、努力家で、人間性も豊かだった。

ただ、私がどうしても理解できなかったのは、なぜ女性たちが彼らに熱狂するのかということだった。たしかに世間の平均値とくらべたらジャニーズのタレントは格好が良いとは思う。しかし、たとえば私が教えている大学のゼミ生で、私の目から見たらジャニーズタレントよりも格好良いと思う男子学生はたくさんいる。しかし、彼らが女性たちに追いかけられることはない。

しかもジャニーズタレントが女性たちを熱狂させるのは、歌やダンスといったエンターテイメントの能力が完成してからではなく、まだ子どもの時代からなのだ。

私は大阪・朝日放送の「キャスト」という報道番組でコメンテーターをしていた。その番組に、なにわ男子のメンバーが出演するようになった。彼らはデビュー前で、まだいかにも子どもという時代だった。報道番組のスタジオというのは、ふだん制作スタッフ以外には誰もいない。ところが、なにわ男子が出演する日は、スタジオが局員や関係者の女性であふれるようになったのだ。

私は、ジャニーズタレントが女性を惹きつけるのは、女性だけが嗅ぎ分けることのできる天性のフェロモンのようなものを持っているからだと考えている。

ところが、ジャニー氏には女性と同じ能力が備わっていた。というより、彼の異常な性的嗜好が、性犯罪のターゲットとなるべき少年を嗅ぎ分けていて、たまたまそれが女性の嗜好とシンクロしていたのだろう。それが結果的にジャニー氏にアイドルの卵を見出す能力を与えることになったのだ。

もちろん、いくら素材が優れていても、ずっとファンを続けてもらうためには、エンターテイナーとして成長してもらわなければならない。

その仕掛けもきちんと作られていた。ジャニーズJr.のファンクラブの年会費は2500円と、デビュー後のタレントの4000円にくらべ、かなり安く設定されていた。そして、ジャニーズファンは、ジュニアのなかから自分好みの「推し」を選び、その推しを一流のタレントとして自らの力で育てていくことを生きがいとしていくのだ。

この部分は、ＡＫＢ48のビジネスモデルとほぼ同じだ。ＡＫＢ48の１期生も、当初は踊りが下手で歌もバラバラ、とても見られたものではなかった。ところが、ファンが支援するなかで、レッスンを重ね、舞台での場数を踏んでいくと、彼女たちはどんどん成長していく。ＡＫＢのファンにとって、その成長も大きな喜びだったのだ。

芸能人にとって、この場数というのは、とてつもなく大きな意味を持つ。

じつは私自身、ドラマや映画にちょくちょく出させてもらっていた時期があった。東野圭吾原作の「赤い指」というドラマで阿部寛さんや溝端淳平さんと共演したり、日曜劇場の「流星ワゴン」で香川照之さんと共演したこともある。ただ、実際にやってみて痛感したのは、本物の役者さんとの歴然たる力の差だった。

なぜ自分はできないのだろうと悩んでいたとき、たまたまテレビで共演した石坂浩二さんに聞いた。

「なぜ石坂さんはそんなに演技がうまいんですか？」

今、振り返ると、とても失礼な質問だったと思うが、石坂さんは嫌な顔をせずに答えてくれた。

「才能の問題は大きくないと思いますよ。経験を積めば積むほどうまくなるんです」

なるほどと思った。たしかにそのとおりだ。歌舞伎役者は幼少期からずっと稽古をしているから、大人になったときには、誰にも真似のできない芸を身につけているのだ。それはエンターテイメントの世界だけでなく、体操選手や野球選手などでも同じだ。

ただ、AKBとジャニーズには決定的な差がある。それは舞台の広がりだ。AKBのメンバーが場数を踏めるのは、基本的には小さな専用劇場だけだ。だから、歌や踊りといった劇場でのパフォーマンスはどんどん進化していく。一方、ジャニーズの場合は、その舞台がメディア全体に広がっている。歌番組だけでなく、バラエティー番組、情報番組のキャスター、ドラマ、映画などだ。

たとえば、ドラマへの出演を果たすには、相当な運と実力が必要だ。一流の俳優になった人でも、若いころはオーディションで何十回も落とされている。ところが、ジャニーズのタレントはさほど実力がないときから、事務所の力（言い方を変えれば「圧力」）で出演が決まるのだ。さらにテレビ番組の場合は、一度出演が決まると、途中降板させられることも少ない。その結果、多くの場数を踏むことでどんどんうまくなっていくのだ。

なぜ、そんなことが可能になるのか。私は、そこにジャニーズ事務所の権力があるのだと思う。

退所したタレントは許さない

ジャニーズ事務所が急成長し、圧倒的な力を持つようになったひとつの要因は、退所したタレントを業界から干してしまうということだ。

国民的なスター・SMAPのメンバーだった稲垣吾郎、草彅剛、香取慎吾の3人が、2017年9月にジャニーズ事務所を退所した。それ以降、彼らのテレビ出演本数は激減した。本来、キャスティングの権利はテレビ局側にあるわけだし、彼らの人気が衰えたというわけではない。にもかかわらず、彼らが出演できなくなったのは事務所の圧力だと、ほとんどの国民は気づいているだろう。

実際、2019年7月に公正取引委員会はジャニーズ事務所に対して「退所したSMAP元メンバー3人の番組起用を妨げるような働きかけがあった場合」は、独占禁止法違反につながる恐れがあるとして注意を行なった。

独占禁止法は、優越的地位の濫用を禁じている。たとえば、ジャニーズ事務所がテレビ局に対して「退所した3人を出演させたら、今後、事務所のタレントを出演させることはしませんよ」と圧力をかけると、その行為は独占禁止法違反となる。市場で優越的地位にある者が、自由な競争を阻害する行為を独占禁止法は禁じているのだ。

このときは公正取引委員会が具体的な証拠をつかむことができなかったので注意喚起にとどまったのだが、公正取引委員会の注意以降も3人に対するテレビ局・ラジオ局の態度が変化することはなかった。

人気タレントが退所すると、その後テレビやラジオに出にくくなるという現象は、ほかの所属タレントでも起きている。

たとえば、1988年にシブがき隊が解散し、ジャニーズ事務所を退所した本木雅弘氏を映画「226」にキャスティングしようとしたという映画プロデューサーの奥山和由氏は、2023年8月29日、X(旧ツイッター)に次のような投稿をした。


35年前の話。「226」ジャニーズをやめたばかりの本木雅弘をキャスティング。メリー喜多川さんより「よく考えて」と。「ダメならハッキリそう言ってください」と返事。「ダメとは言わない、もう一度よく考えて」と。熟考して魅力を感じての配役、本木で決行。あれ以来ジャニーズ事務所、出禁的待遇。

奥山プロデューサーは、映画の世界の人だから、ジャニーズ事務所から出入り禁止になっても映画作りを続けることができる。しかし、テレビやラジオはそうはいかない。もしジャニーズのタレントを使うことができなくなったら、あっという間にライバルに差をつけられてしまうからだ。

ジュニアの時代からジャニーズタレントを支え続けてきたファンの忠誠心はきわめて高い。信者と言ってもよいだろう。彼らの行動は、新曲が出れば必ずＣＤを買い、コンサートがあれば必ず駆けつけるというところにとどまらない。推しの番組は必ず観るし、登場する雑誌も買う。さらに推しの登場するＣＭの商品も愛用する。メディア側からすれば、こんなにおいしい話はない。

あなたがテレビマンの立場だったらどうするか考えてほしい。

昔のような好待遇はなくなったとはいえ、今でも大手テレビ局の社員は、年収面でも世間とはかけ離れた厚遇を受けている。彼らは、その厚遇を守るために高視聴率の番組を作り続けなければならない。だが、ヒット番組を作るのは本当に難しい。視聴者がどう反応するのかは、やってみなければわからないからだ。

ところが、目の前にほぼ確実に視聴率を取れる方法がある。ジャニーズのタレントを使うことだ。忠誠心の高いファンたちは必ず観てくれるから、最低限の視聴率は確保できる。イチかバチかの勝負をかけるより、確実な方法を取りたいだろう。さらに番組のスポンサーにとっても商品が売れるのだから、ありがたいことだ。ジャニー氏の性加害の問題を知っていても、自分の生活を優先する。自分の利益のため、見たくないものに目をつぶる。人間なんてそんなものだ。もし私がテレビマンだったとしても、同じ選択をしたのではないかと思う。

だから、もしジャニー氏の性加害に声を上げられる可能性があったとしたら、直接ジャニーズと関わっていないジャーナリストや評論家、そしてテレビ局で言えば報道部門だけだったのではないか。ただ、そこにも最近までジャニーズ事務所は厳しい圧力を突き付けていた。

少しでも批判すれば…

2023年6月30日に音楽プロデューサーの松尾潔氏が、15年間所属したスマイルカンパニーという事務所を突然退所した。いつも理路整然としたコメントをする松尾氏を、私は好感を持って見ていた。松尾氏が事務所を辞めさせられたのは、ジャニーズ事務所に対して厳しい意見を言ったからだった。

松尾氏が在籍していたスマイルカンパニーは、代表取締役社長・小杉周水氏の名義で

「この度、スマイルカンパニーと業務提携をしておりました松尾潔氏と松尾潔事務所との業務委託契約が本年6月30日をもって双方の合意により終了しましたことをお知らせ致します」「今回の契約解除は、松尾氏によるこれまでの社内外での言動等に鑑み、弊社代表である私自身の判断により、松尾氏との協議の上、合意により終了することとなったものです。双方の代理人弁護士による署名／捺印済みの解約合意書もございます。その他については、守秘義務の関係もあり、お答えを差し控えさせていただきます」と発表している。

この経緯について松尾氏は、2023年10月8日号の「サンデー毎日」で次のように語っている。

文春は購読し続けていましたが正直、真剣には読んでいなかったです。義憤的な気持ちが湧いたのは今年5月14日、ジュリー社長（当時）の僅《わず》か1分9秒の謝罪動画を観て「こんなふうにお茶を濁して終わりか」と思ったのです。翌朝にRKB毎日放送のラジオの朝の生ワイド番組「田畑竜介 Grooooow Up」に出演しました。東京の仕事場から毎週リモートでエンタメについて語るコーナーです。プロデューサーから「昨日の動画、どう思ったか語ってください」と請われ、語りました。その書き起こしが番組HPに出て、翌16日にYahoo! ニュースに転載され、全国的なニュースに。

すると17日にスマイルカンパニー創業者の子息で現社長の小杉周水君から「会いたい」と連絡があり、18日に二人で会うと「メディアやSNSでジュリーさんやジャニーズ事務所の名前を出すのは良くないです。ご自分の発言力、影響力を考えてください」と。「え、口にしちゃいけないの？　なにそれ、皇室なの（笑）」と返したら一言、「皇室ですよ」と。（中略）

「松尾ごときが頭が高い」と警告したかったのかもしれません。そして「辞めてもらうかもしれない」と。「今日は僕の判断でお話ししていますが、山下夫妻の意向も確認します」と言われ、翌々週に再び二人きりで会いました。すると、契約を中途終了したい意向を伝えたら「仕方ないよね」と山下夫妻は賛同している、と。「僕を事務所に誘ってくれた達郎さん、まりやさんもNGを出したんだ」と思い、ショックでした。弁護士と相談し、スマイルが強固に求める6月末での契約解除を呑み、7月1日にX（旧Twitter）へ投稿しました。

松尾氏はRKBラジオでどんな〝暴言〟を吐いたのか。少し長くなるが、RKBラジオのホームページに掲載された番組内での発言内容は以下のとおりだ。

昨夜（14日）９時に、ジャニーズ事務所が性被害の度重なる告発に対して、藤島ジュリー景子社長が動画と文書で公式見解を発表しました。

まず評価すべき点は、ジュリー社長が顔を出したということです。歴代の事務所トップだった母親のメリーさん、そして叔父にあたるジャニーさんは、表に顔を出さないという姿勢を貫いていました。

ジュリー社長はドラマ『３年Ｂ組金八先生』などに出演していた女優でした。20年ぐらい前になりますが、ＮＥＷＳというグループがデビューするとき、私は打ち合わせに出たり、その後、曲を提供したりしているので、ジュリー社長とは面識がありましたが、今回久しぶりにお顔を見ました。

話を戻しますが、ジュリー社長が、自分の言葉で語ったことは、これまでのジャニーズ事務所の対応からすれば、ずいぶんと大きな一歩だと思います。また「大きな落ち度があった」「問題がなかったとは思っていない」といった発言がありましたが、そこも今までの事務所の姿勢とは全くベクトルが違うところに来ていると感じました。ただ、そういった発言が、このタイミングになったということに関しては、もやっとした気持ちはあります。

これまでの経緯を振り返ります。今年３月にイギリス・ＢＢＣで、ジャニーさんの性加害問題を告発する番組が放送されました。それを受ける形で4月に元ジャニーズJr.のカウアン・オカモトさんが記者会見を開き、「週刊文春」の紙上でも元所属タレントたちが発言しています。

今月に入ると、ジャニーズファンの有志が、性加害の検証を求める1万6000筆の署名を事務所に提出しました。表現としてふさわしいかどうかわかりませんが、こういったことに少しずつ背中を押される形で、ジュリー社長は引っ張り出された、という感じですね。

昨夜の公式見解発表直後に、私が投稿したツイートには、今朝までに「いいね」が約3000件ついていました（午後3時の時点でインプレッション45万件以上）。その投稿内容を改めてお伝えします。

5月14日のTwitter投稿
まずは記者会見を。企業の不祥事は数あれど、文書と自社動画だけで謝罪を済ませた例はどれくらいあるのか。「エンタテインメント業界という世界が特殊であるという甘えを捨て」る覚悟がおありなら、ジュリーさん、これを機に膿を出しきりませんか。才能ある所属タレントの未来を守るためにも。

ここは記者会見を開くべきでしょう。不祥事を起こした企業が、文書と自社サイト内の動画だけで謝罪を済ませた例は、私が知る限りほとんどありません。有名企業であればなおさらです。

ジュリー社長の見解には「エンタテインメント業界という世界が特殊であるという甘えを捨て」というフレーズがありましたが、動画と文書による発表では、観測気球を上げただけではないか、という印象が私にはありますね。

ファンの思い、そして所属タレントの未来を守るために今、するべきは、膿を出し切ることでしょう。その先に、会社が解散になるというシナリオがあったとしても、またやり直せばいいじゃないですか。才能のある人は移籍してもいいし、（経営陣は）改心して再組織化してもいい。

いまコメントしていることは「疑わしきは罰せず」という事実認定の考え方から踏み込み過ぎているかもしれません。ただ、今回の疑惑について芸能界以外の一般企業の論理で言えば、もうとっくに「詰んでいる話」です。

〝被疑者死亡〟というところで逃げ切るのも無理があるし、何よりも公式見解の文書を読んで感じたことは、ジャニーズ事務所に社会的責任が欠けている、ということです。ここが欠けているから、全て空疎に思えてしまうのです。

事務所が発表した文書を、私は何度も読み直しました。その要点は4つあると思います。①記者会見はしない、②事実認定をしていない、つまり性加害をきっちりとは認知していない、③第三者委員会の設置を否定している。その理由は、現および元所属タレントを守るためだというふうに言っていますが、私から見れば事務所の保身ではないかという疑いを捨てきれません。④経営陣の引責辞任に関しても否定。

つまり「4つのNO」ですね。記者会見はしない、事実認定をしない、第三者委員会は設置しない、引責辞任もしない、と。これで納得する人がいるでしょうか？

私は、今回の疑惑を放置することは、ジャニーズ事務所だけの問題じゃないと思っています。一番の弊害は、今回の報道やマスコミの有り様を見た子供たちが、もし性犯罪・性暴力の被害者になったとき、「声を上げても無駄だ」という諦めの気持ちになるかもしれないことです。疑惑を放置することで、社会全体が諦めの気持ちを子供たちに植え付けかねないのではと怖れを感じています。

メディア、広告業界、芸能界だけでなく、みんながこの問題を直視しない限り、性加害や性暴力は、この先もなくならないでしょう。音楽業界に身を置く私も正直つらいです。ましてや、こういう世界に憧れたことがある、あるいは憧れている家族がいる、といった人たちも胸を痛めているはずです。

私たち一人一人が、この国が抱える問題として当事者意識を持ち、みんなで膿を出すというところに、舵を切るべきじゃないでしょうか。

音楽業界、芸能界で仕事をしている私が今、ここでこういう発言をしていることの意味について、察していただければと思います。ジャニーズ事務所のタレントと直接連絡を取ることもある立場にいます。彼らと番組で共演する機会も多いことをご存知の方もいるでしょう。私はタレントを守りたい。その立場でお話しさせていただきました。


お読みになり、皆さんはどう思われただろうか？

松尾氏の発言は、論理的で説得力がある。ジャニーズタレントとの共演経験も多かった松尾氏の発言は、彼らへの愛情にあふれている。そして、何より松尾氏の提言は、その後のジャニーズ事務所の記者会見のなかで、すべて受け入れられ、ジャニーズ事務所改革の基本姿勢となっているものだ。

つまり、松尾氏の発言はジャニーズ事務所やその所属タレントのことを思いやった応援メッセージとも言える内容だったのだ。

ところが、松尾氏は業務提携をしていた事務所から切られてしまった。そこにジャニーズ事務所からの圧力があったかどうかはわからない。しかし、少しでも体制批判をしようものなら、バッサリ切られてしまう。そうした圧力がつい最近まで存在したことは事実なのだ。

駒井千佳子氏のちょっとしたミス

もうひとつ事例を挙げておこう。芸能レポーターの駒井千佳子氏の件だ。私は、駒井氏とさまざまな番組で共演してきた。とてもいい人で個人的には大好きなのだが、彼女はとてつもないジャニーズファンで、ジャニーズ関連の会見にはすべて顔を出し、番組でレポートをするときも、つねにジャニーズ絶賛だった。時には、ジャニーズが売り出そうとしている若手を、頼まれてもいないのに、番組中にさりげなく話題に織り込んで宣伝していた。ジャニーズ御用レポーターの代表格だった。その駒井氏がちょっとしたミスをしてしまった。

2020年8月23日放送のフジテレビ系「ワイドナショー」での出来事だ。番組ではジャニーズ事務所の山下智久氏が女子高校生と飲酒し、さらに山下氏がその女子高生を

〝お持ち帰り〟したことを取り上げた。ゲストコメンテーターの乙武洋匡《ひろただ》氏が「文春オンラインが報道した段階では、テレビは一切報じなかったのに、自粛の処分が発表された途端に一斉に報じ始めたことは、ジャニーズへの忖度ではないか」と批判した。

乙武氏は、駒井氏に「事務所から言われたりするんですか？　やめてねとか」と質問した。駒井氏は「やめてね、っていうよりは、えっと、う～ん……、テレビ局のほうが忖度していると思います」と答えた。

テレビ局が忖度していることは事実だが、テレビ局以上にジャニーズ事務所に忖度してきたのが駒井氏であることは周知の事実だったので、この発言には各所から批判が殺到した。

ただそれ以上に問題なのは、この発言をきっかけに駒井氏のテレビ出演が激減してしまったことだ。「病気になったのではないか」「事務所をクビになったのではないか」という噂まで流れたほどだ。

駒井氏の発言は、あくまでもジャニーズ事務所を守ろうとしたものだった。ただ乙武氏の質問をうまくさばけなかった。

たとえば、「事務所から圧力がかかることなんてまったくないです。すぐに報道がなされなかったのは、文春の記事の裏取りに時間がかかったからかもしれません。自粛処分が出されたことで、裏取りの必要性がなくなったので、一斉に報じることになったのではないですか」といった白々しいウソでも言っていれば、問題にはならなかっただろう。

御用レポーターでさえ、ほんの少し言いぶりを間違えただけで干されてしまう。ジャニーズ事務所の圧力はそれほど強力なのだ。もちろん、この件でジャニーズ事務所からテレビ局に「駒井千佳子氏を使わないように」という圧力がかかったという証拠はないし、おそらく事実としてもないだろう。テレビ局がジャニーズ事務所に忖度した可能性が非常に高いのだ。

ちなみに駒井千佳子氏はその後、2度目のミスをしてしまった。2023年10月2日のジャニーズ事務所の2度目の記者会見で、なかなか指名を受けられない記者たちの不満が爆発し、怒号が飛び交った。井ノ原快彦氏が「どうか落ち着いてお願いします」と事態の収束を図った。この発言に対して一部の記者たちが拍手をして議事進行を促したのだが、駒井氏も拍手をしたなかの一人だった。

ところが、その後の報道で、記者会見の運営を任されたコンサルティング会社が「指名NGリスト」と「指名候補リスト」を作っていたことが発覚する。これにより駒井氏が「指名候補リスト」に入っていたことが明らかになった。世間の目は「駒井氏＝御用レポーター」となってしまったのだ。

1回目のミスから立ち直り、再びレポーターの地位を回復しようとした駒井氏は2度目のミスで、ジャニーズ事務所という泥船に乗ってしまったのだ。

「森永さん、表に出したら、容赦しませんからね」

ここで自分自身の経験を書いておこう。私は「有名人ダジャレグッズコレクション」というのをやっている。有名人の名前にちなんだグッズにサインをもらうというコレクションだ。

第1号は、もう四半世紀も前にビートたけしさんに、こけしにサインをしてもらった「ビートこけし」だ。キャメロン・ディアスにキャラメルにサインしてもらった「キャラメルン・ディアス」や、谷村新司さんに真珠にサインしてもらった「谷村しんじゅ」というのもある。これまで600人以上の有名人にサインをもらってきた。ただ、そのなかにジャニーズタレントのものはなかった。ジャニーズ事務所がタレントにサインをすることを許していなかったからだ。

私はずっとジャニーズのタレントにサインをもらえるか聞き続けた。そして、ある日、大きな発見をした。ふつうのジャニーズタレントは絶対にサインをしてはいけないのだが、長年芸能活動を続け、40代を迎えた幹部クラスのジャニーズタレントからはサインがもらえるのだ。もちろん事務所を通したらNGだ。スタジオで、マネージャーがついていないときにこっそりとなら大丈夫なのだ。

虎視眈々《こしたんたん》と機会をうかがってきた私に、ジャニーズの「長男」近藤真彦氏との共演のチャンスがめぐってきた。ただ、あまりにビッグな存在なので、ダジャレグッズはあきらめ、近藤真彦氏がドライバーを務めたレーシングカーのミニカーをスタジオに持っていくことにした。私の見通しは正しかった。近藤真彦氏は、私の差し出すミニカーに快くサインをしてくれた。

意気揚々とスタジオを引き揚げようとしたとき、ジャニーズ事務所の人が私に近づいてきた。

「森永さん、そのミニカーを取り上げはしませんが、万一それを表に出したら、容赦しませんからね」

低く、ドスの利いた声だった。

もうひとつ、体験を話しておこう。私の出演する番組で、あるジャニーズタレントがMCを務めていた。収録が終わり楽屋に引き返す際には、出演者同士で和気あいあいと話をしながら戻るのだが、その途中、女性タレントが突然、ジャニーズタレントから飛び跳ねるように離れた。不思議に思った私は彼女に尋ねた。「さっきのはなんだったの？」。彼女はこう答えた。

「あそこはガラス越しに外から見えるんです。もし、彼と仲良く話しているところが見られたりしたら、何が起きるかわからないので……」

その女性タレントとジャニーズタレントは個人的になんの付き合いもない。ただ、付き合っていると思われるだけで何をされるかわからない恐怖があるのだ。

実際に干されたという情報もある。２０２３年10月6日の「東スポＷＥＢ」は、次のように報じている。

ジャニーズタレントの主演作に〝出禁〟となっていた女優・吉田羊（49）が、いよいよ共演解除になるという。

吉田は２０１６年に20歳年下の「Hey! Say! JUMP」の中島裕翔（30）との7連泊熱愛が報じられ、以後、ジャニーズタレントが主演する作品には呼ばれなくなった。14年には木村拓哉主演のドラマ「ＨＥＲＯ　第2シリーズ」にも出演したほどで、当時、売り出し中の女優として多数のドラマや映画に出演していたが、この報道をきっかけにしばらくの間、露出が激減した。

テレビ局関係者は「当時、20歳も年下の中島に〝手を出した〟ことに故メリー喜多川氏が激怒し、以後テレビ局ではジャニーズ主演作品には〝共演NG女優〟の一番手となりました。しかし、性加害問題によってジャニーズに対するテレビ局の〝忖度〟が今後なくなる可能性が高く、ジャニーズの主演作にも吉田さんが起用できるようになります。ジャニーズ主演作の場合、わきを固める俳優陣が重要なため、それなりの名前と高い演技力が求められる。吉田さんは主演を引き立てる女優として申し分なく、制作サイドからの人気も高いことから近く共演作が見られそうです」と語る。

今年4月期のドラマ「ラストマン」ではKing & Princeの永瀬廉と共演。実に8年ぶりのジャニーズタレントとの共演が話題となったが、主演は大手芸能事務所「アミューズ」に所属する福山雅治だった。

「これまでジャニーズ主演作は、テレビ局が事務所に〝おうかがい〟を立てながら配役を決めていた。実はジャニーズの中にも吉田さんと共演したがっているタレントは多いんですけどね」(同)

もちろん、ここでもジャニーズ事務所が圧力をかけた証拠は何一つない。おそらくテレビ局の忖度だろう。

ジャニーズ事務所の権力というのは、メディア、とくにテレビ局が行なってきた、小さく、けれど膨大な忖度の積み重ねにより築き上げられたのだ。

性加害、大勢の「共犯者」たち

そのことをようやくテレビ局も認め始めた。ＴＢＳは10月７日に放送した「報道特集」で「ジャニー氏性被害拡大の背景」と題した特集を放送した。この特集に関しては、「踏み込みが足りない」とか「自己弁護にすぎない」という批判もあるが、私が見た検証番組のなかで、もっとも正直に、もっとも丁寧に、そして真摯に問題に斬り込んだ番組だと個人的には高く評価している。

放送では、まずどのような形で性加害が行なわれたのかを複数の元ジャニーズJr.の証言をもとに検証した。そのなかの一人の証言は衝撃的だった。

今活躍している方々、結構な人数いたと思います。一番、年長者でいたのは東山さん。あと、同世代か、下の人たちでしたか。そういう行為を、被害を受けたとき、皆のところに戻ると、「よかったね。これはチャンスだよ」「やっていかないと売れないから、いいチャンスだと思って頑張れ」みたいなことを言われました。その状況のなかに東山社長もいました。

さらに東山氏から、直接こうも言われたという。

「冗談まじりというか、ボクにも「今日はお前だよ」とか、他の人間には「お前やられて来いよ」とか、普通に発していた記憶があります。みんな心の中には絶対覚えているはずですし、噂レベルなんてことは絶対あり得ません。今思えば、ああやって深刻にならないように雰囲気をみんなで作っちゃっていたのかなと。

じつは、この証言こそ、芸能界圏外で活動してきた私がこれまで聞いてきた話と完全に符合するものなのだ。

TBSはこの証言に関してジャニーズ事務所に確認を求めている。それに対してジャニーズ事務所は「昔の記憶が定かではないため、事実確認が難しい状況です」と回答している。東山社長は会見で自分自身は性加害に関わっていないし、性加害の現場を見たこともないと話している。

つまり、この証言は、ジャニーズ事務所が行なってきた会見の正当性を根底から揺るがすものだ。だから、ジャニーズ事務所はすぐに全面否定をしないといけないはずだ。ところが、それができなかったのは、ほかのジャニーズJr.から同様の証言が出てくることを恐れたからではないのか。

もし、このジャニーズJr.の証言が正しいとすると、ジャニー氏の性加害には大勢の「共犯者」がいたことになる。

たとえば、テレビで活躍するジャニーズタレントが「ジャニーさん、ジャニーさん」とその人柄や、彼との楽しいエピソードを披露する。芸能レポーターもジャニー氏を持ち上げる。エンターテイナーを育てる名手で、人柄のよいジャニーさんを慕って、ジャニーズファンの母親は自分の子どもをジャニーズ事務所に入所させる。ところが、入所した子どもたちを待ち構えているのは、異常な性欲を抱えるジャニー氏の毒牙なのだ。

そして、テレビ局はそうした構図を知りながら、ジャニー氏の犯罪に対して、見て見ぬふりをしてきた。その点についても「報道特集」は斬り込んでいる。社員や元社員合わせて80人以上に取材して、ジャニーズ事務所との関係がどのようになっていたのかを検証した。

まずは、裁判報道に関してだ。ＴＢＳは、ジャニーズ事務所とジャニー氏が週刊文春を名誉毀損で訴えた裁判で、性加害を主要な部分で真実とした高裁判決、および上告を棄却した最高裁判決の際、まったく報道しなかった。
それがなぜなのかを、当時どのニュースを放送するかの判断に直接関与する立場にあった10人全員から聞き取りを行なった。以下はその証言だ。

最高裁決定の時はオウムの教祖・松本智津夫被告の一審判決の3日前だったので、特番準備などに忙殺されていて、ジャニー氏の裁判の記憶がない。本社と何か突っ込んだやりとりがあれば、さすがに記憶していると思う。会社から「やるな」みたいなことを言われたり、忖度するとかはあり得ないと思う。あくまで民事だと思ったか、刑事（事件）だったら、当然ニュースにはしたと思う。（当時の社会部記者）

会社の上層部や編成担当に何かを言われてニュースにしないということは一切なかった。仮にあったとしたら、逆にあえて報じていただろう。（当時の社会部デスク）

率直に振り返って20年前はいまと社会の意識が大きく違っていて、本来はその状況に異論を唱えるべきだった社会部も男性の性被害に対する意識が低く、また週刊誌の芸

能ネタと位置付けてしまったことが反省点だと考えている。（当時の社会部デスク）

国税がらみでジャニーズのことを調べていたら、事務所の関係者がどこかで調べたのか、私の携帯に電話をしてきたりみたいなことはされている。（当時の社会部記者）

つまり、ＴＢＳテレビ報道局社会部にジャニーズ事務所から圧力があったり、あるいはジャニーズ事務所に忖度した事実はなく、しょせん芸能スキャンダルだととらえて、報道することはなかったというのだ。

私はこのヒアリング調査の結果を知ったとき、そんなことがあるのかと思った。私のような部外者でも知っていることをテレビ局員が知らないはずがないと考えたのだ。

ただ、冷静に考えると、可能性があると思うようになった。テレビ局では、報道番組とバラエティー番組の間に大きな壁がある。情報交流もあまりない。そして、報道局の社員は、局の看板であり、報道記者として高いプライドを持っている。だから、政治ネタとか経済ネタとくらべて下世話な芸能ニュースを見下す傾向があるのだ。こうしたことから、「無意識の無視」が成立した可能性は十分ある。

一方、２０１２年10月、ジャニー喜多川氏運転のクルマが軽自動車に追突する事故を起こし、相手の男性に全治1週間のケガをさせた事件の報道に関しては、少し状況が異なっている。当時のTBSの昼ニュース責任者は、6番目のニュースとしてこの事件を放送する予定で原稿を入れていた。だが、その後、このニュースは「欠番」とされて、報道されることがなかった。当時の現場の報道局の社員は、ジャニーズ事務所との窓口となっている編成部の局員がやってきて、報道局の幹部と話し合っている現場を目撃している。この件に関する証言は以下のとおりだ。

納得できなかった。忖度そのものだと思った。（報道局員）

ニュースとして報じるかどうかは様々な要素を勘案して決めている。「ジャニーズ事務所は面倒くさい」という思いや事務所と日々向き合う編成部への配慮が、ニュースとして報じるかどうかを判断する様々な要素のうちのひとつになったのは間違いない。

（当時の報道局幹部）

このころ、有名人が起こした軽微な事故を報道することが続いていて、幹部間でそれに疑問の声があがっていた。有名人だからと言って一般の人なら扱わないような事故

を扱うのはどうかという意見があった。（当時の報道局幹部）

報道局にも忖度はあった。そして忖度の原因として「ジャニーズ事務所は面倒くさい」という証言がポイントだと思う。

たとえば、週刊文春の報道で文藝春秋が訴えられた事件でも、ジャニー氏の性加害に関しては事実認定がされているが、ジュニアの喫煙などの部分に関しては、文藝春秋側に賠償が命じられている。完璧な証拠を用意しないと、ジャニーズ事務所の敏腕弁護士が裁判を起こしてきて、賠償金を取られる。そうしたことの積み重ねが「面倒くさい」につながる。つまり、ジャニーズ事務所の権力は「恐怖による支配」だったのだ。

「報道特集」は続けて、ジャニーズ事務所と直接の接点を持つＴＢＳの制作や編成の経験者約60人へのヒアリングを行なっている。その証言は以下のとおりだ。

同性愛者であるという噂は聞いていたが、所属タレントに一方的に性加害をしていたというのは一切聞いたことがなかった。（編成経験者）

文春の記事を読んだ記憶はあるが、芸能界のスキャンダルという認識でゴシップとし

てとらえていた。（元役員　制作経験者）

ジャニーズ事務所のタレントと食事に行ったときに「合宿所をとにかく早く出たかった」と言っていたので、合宿所で何かあるんだなとは感じた。（制作担当者）

15年以上前にタレントや事務所関係者から「ジャニー氏が寝床に入ってきた」「ベルトを何本も巻いて寝た」と笑いながら言うのを聞いたことがあるが、深刻に受け止めていなかった。（制作経験者）

数多くのジャニーズのタレントと付き合っている中で、みんなジャニー氏のことが好きだった。デビューするとジャニー氏の手を離れるが、その後、10年、20年経つ人が、ずっとジャニー氏のことを「好きだ」と言っていた。「恩がある」ではなく、「人として好きだ」と。だから、性加害の話を聞いたときに「まさか」としか感じなかった。（制作経験者）

ジャニーズのタレントたちは素晴らしい。熱心だし、礼儀正しい。「さすがにジャニー氏はいい育て方をする」と思っていた。その素晴らしさの陰で、見えていなかった面があるし、性加害の件については思考を止めていたという面もある。（制作経験者）

ジャニーズ事務所以外でも事務所兼社長の自宅などからタレントを通わせるケースがあると聞いていたので、合宿生活にも違和感はなく、こうやって仲間意識を育てていくんだなと思っていた。（制作経験者）

正直言って、私はこの制作現場の証言には若干の違和感を覚えた。頻繁にジャニーズタレントと接している彼らが、私が知っているレベルのことを知らなかったということがありえるのかということだ。

ただ、制作現場にとってジャニーズタレントは「飯のタネ」だ。それを排除することはできない。人間は自分の周りで起きていることとの整合性が取れなくなる「認知的不協和」を避けようとする。つまり、矛盾する状態を解消するために、事実を過小評価して整合性をつけようとする。制作現場で働く人たちは、無意識のうちに自分たちに都合の悪いジャニー氏の性加害について、目をつぶってしまったのかもしれない。だから、本来は、報道局がもっと頑張らなければならなかったのだ。

報道局の村瀬健介キャスターは「社内で見聞きした経験から『ジャニーズは面倒だ』という感覚を持っている局員が私も含めて大勢います。ふだんからニュースにする・しないの判断はその出来事の重要性などを勘案して行なっていますが、その判断をする要素のひとつにジャニーズ事務所と向き合っている編成部への配慮などが入ることは問題」とコメントしている。そのとおりだ。

番組の最後でTBSテレビ報道局の日下部正樹氏は次のように述べた。

BBCの報道から半年、私たちテレビ局の中でもようやく自らを見つめ直す動きが出てきたわけです。ジャニーズの問題は1人の男性や1つの事務所の問題にとどまらないと思うんですね。ジャニーズという巨大な帝国を育てたのは間違いなくテレビ局です。勇気を持って声を上げた被害者の方々にはどんな言葉を尽くしてもお詫びのしようもありません。私たちは報道機関として当然持つべき弱い立場の人々に寄り添う思いと想像力を欠いていました。

さらに深刻なのはこの問題はTBSに限らず沈黙を続けてきたテレビ局全体の問題だということです。私たちはまず被害者の救済がどのように進んでいくかきちんと見届ける必要があります。記者会見で拍手をしている場合ではないんです。

制作現場にはそもそもジャニー氏の性加害を問題にしようとする発想がなく、報道部門は芸能ネタを見下す風潮があり、報道しようとしても、制作部門からの横やりが入って自由な報道ができなかったという事情は、ほかのテレビ局にも共通している。

フジテレビは、2023年10月21日に「週刊フジテレビ批評特別版　旧ジャニーズ事務所創業者による性加害問題と〝メディアの沈黙〟」と題する検証番組を放送した。

まず、ジャニー氏とジャニーズ事務所が週刊文春を訴えた事件の裁判結果を報じなかったことについて、番組が行なった社内調査では次のような回答を得ている。

直後にオウム真理教教祖の麻原被告（当時）の判決を控え、それにかかりっきりだったと思う。（元社会部記者）

このネタを正面からニュースで扱う認識がまったくなく、芸能ゴシップ、スキャンダル的な受け止め方をした。（元報道番組幹部）

（編成からの働きかけは）一度もない。取り上げようという意識もないのだから、止めようという行動もない。（元報道番組幹部）

ニュースとして取り上げる重みがある感じがしなかった。それだけ男性の性被害という問題への感度が低かったと思う。（元報道番組幹部）

こうした認識はＴＢＳの報道部門とほぼ同じだが、ジャニーズ事務所ともっとも親密な関係を築いてきたと言われるフジテレビは、その後の動きも鈍かった。ＢＢＣが告発番組を報道しても、カウアン・オカモト氏が性被害を記者会見で告発しても、まったく動かなかったのだ。

その点について元報道局幹部は「ＢＢＣのドキュメンタリーを見た後も、取り上げるべきという意識が生まれなかったのは『スキャンダル』の流れと受け止めていたことに尽きる。裏取りをどの程度できるのか懸念し、積極的に扱うべきだとは思えなかった。慎重にならざるをえなかった」と述べている。

「カウアン氏の主張に対して当事者は亡くなっていて反論ができない。この件に限らず、一方の話だけを元に報道することは避けるべきで、その意味でも、ジャニーズ事務所側が

その件で動き始めたのがきっかけになった」(報道幹部)
ただ、フジテレビの動きが鈍かったのは「裏が取れない」ことだけではなかった。あるとき、フジテレビではジャニーズ事務所の所属タレントが逮捕されたことをいち早くつかみ、他社に先駆けて報道する準備をしていたという。ところが、報道と編成との協議と調整が行なわれるなかで、逆に報道が他社よりも遅くなってしまったという。
「一番先だと思っていたのに後れをとる結果となり正直がっかりした。残念に感じたという気持ちだったと思う」(記者)
「事務所への遠慮や忖度はあったと思う。慎重にしなければいけない雰囲気はあった」(元報道局幹部)
「ドラマやバラエティーのキャスティングなどに大きく影響するかもしれないと思い、消極的になることがあった。今から考えれば過剰な配慮だったと思うが、やらなければならないと判断したニュースをやめたことはない」(元報道局幹部)
ジャニーズ事務所から報道部門に直接圧力がかかったことはなかった。ただ、社内の編成・制作部門への配慮や忖度が、報道部門の完全な独立性を奪い、その結果としてテレビ局の沈黙につながったのだ。
ジャニーズ事務所は「なんとなく怖い」「関わるのは面倒」という意識が広く浸透して、

報道部門を沈黙させる。それが「恐怖の支配システム」の正体なのだ。

ジャニーズ問題と同じ構造の「2つのタブー」

新たに設立されるエージェント事務所の経営がどうなっていくのか。正直言って、まだ私にはわからない。現在の計画では、主要なタレントは個々に事務所を設立し、新しく設立されるエージェント会社に仕事の斡旋などを委託する「エージェント方式」で運営されることになっている。

一般のマネジメント契約ではギャラは事務所が受け取り、そのうちの一定割合をタレントに支払う。一般論で言えば、5割から7割くらいが事務所の取り分だ。ところが、エージェント契約では、ギャラは個人事務所が受け取り、一定割合をエージェント会社に手数料として支払う。手数料として支払われるのは、ギャラの2割から3割というのが相場だろう。

エージェント契約で最初に世のなかに知られるようになったのは、加藤浩次氏と吉本興業の契約だろう。テレビ番組で吉本興業に反旗を翻した加藤氏は、2019年にそれまでのマネジメント契約からエージェント契約に移行した。それで一件落着したと思われたのだが、吉本興業は２０２１年3月にエージェント契約の終了を表明した。原因については明らかにされていないが、エージェント契約にもとづくわずかな手数料では、とても面倒を見切れないという判断だったとされている。

新会社は、ジュニアの育成を続けることにしている。しかし、育成には莫大な費用が必要となる。それをエージェント契約から得られる手数料で賄うことができるのだろうか。

方法はいくつかあると思う。ファンクラブの会費の値上げ、ジュニアの育成期間の授業料徴収、握手会の実施、ジュニアの総選挙を行ないCDを売りまくる……などだ。ただ、どうしても解決できない問題がある。彼らが成長するための舞台をどのように用意するのかということだ。

私は、売れているタレントを出演させることと引き換えに若手を売り込むバーター（経済用語で言えば「抱き合わせ販売」）はなくならないと思う。大なり小なりほかの芸能事務所でもやっていることだし、それがなければ舞台の確保ができないからだ。ただ、それが続くと、ジャニーズ帝国の復活につながりかねない。

ジャニー氏が行なった性加害や、メリー副社長が行なった恫喝は、本人が亡くなっている以上、復活することはないだろう。それでも似たようなことが再び起きないように、マスメディア、とくに報道部門は厳しいチェックを続けていく必要があるのではないか。

さきほど紹介した10月7日の「報道特集」の最後を村瀬健介キャスターは、次のような言葉で締めくくった。

今回、社内の関係者に取材をしましたけれども、今年イギリスのBBCがこの性加害問題を報じるまで、TBS内でこの問題を取材した痕跡は今のところ見つかっていません。なぜ数十年にもわたって誰も取材さえしなかったのか。その要因の1つに、これまでご覧いただいたTBSのさまざまな部署とジャニーズ事務所との関係があって、それが高いハードルになっていたという面があると思います。ただ、一方で私たち記者は、タブーだと言われれば言われるほど、相手が権力者であればあるほど、そこに斬り込みたいと強く思うものです。それなのにこの問題で高いハードルを越えるべく取材の努力をしなかったのは、率直に言って、私たちの取材力の足らなさ、そして人権感覚の鈍さが原因であり、被害者の皆さんに申し訳なく思っています。今後も私たち記者は、TBSと利害関係がある有力な人物や組織の不正に直面することが必ずあります。そのときに私たちがしっかりと役割を果たせるよう取材力を磨いていく努力を続けていきたいと思います。

「タブーだと言われれば言われるほど、相手が権力者であればあるほど、そこに斬り込みたいと強く思うもの」というのは、報道記者として、きわめて正しい姿勢だし、ぜひそうしていただきたいと思うのだが、私はこう問いたい。

それでは、ジャニーズ問題と同じ構造である「財務省のカルト教団化」と「日本航空123便の墜落事故」に関して、なぜ報道部門はずっと沈黙を続けているのか？

いずれもその被害者の数は、ジャニーズの比ではないし、いまなお被害は拡大し続けているのだ。

第2章 ザイム真理教

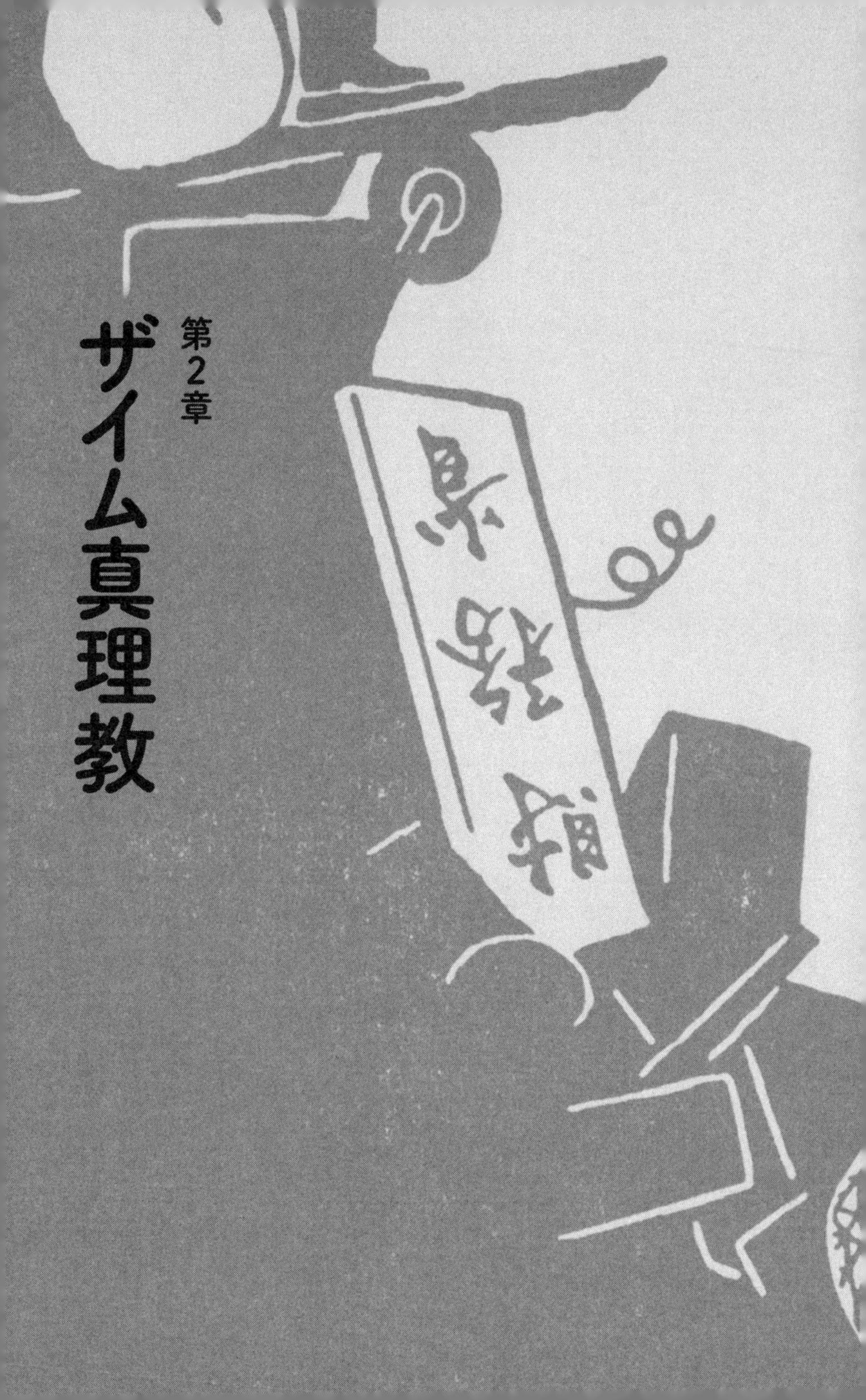

統一教会と財務省を比較してみる

２０２３年6月以降、私の著書『ザイム真理教』がベストセラーになるなかで、私のもとにメディアからの取材が殺到した。じつは同じようなことが、ちょうどその20年前に出版した『年収３００万円時代を生き抜く経済学』（光文社）がベストセラーになったときも起きた。ただ、そのときと今回の間には、大きな違いがあった。それは大手メディアの動きだった。

私のところに取材や出演要請があったのは、スポーツ新聞、タブロイド紙、地方紙、雑誌、ネットメディア、ＢＳのテレビ、ラジオだけで、大手新聞社や東京の地上波のテレビは完全な無視だった。出版されて以降、３カ月間、私は大手新聞と東京の地上波テレビには出られなかったのだ。この仕事を始めてから四半世紀で初めての経験だった。書評を掲載してくれた新聞社も、大手は皆無で、準大手の東京新聞だけだった。

大手メディアが無視するという行動は、ジャニーズ問題のときとまったく同じだ。私はある程度この事態を予想していたのだが、これほどまで完全に無視されるとは思っていなかった。この20年間で、大手メディアはすっかり変わってしまったのだ。

ここで『ザイム真理教』をお読みでない方のために、少し視点を変えて簡単に本の内容を紹介する。既読の方はおさらいとして読んでほしい。

この30年間、先進国では、日本だけが経済成長をしていない。統計データをきちんと見ている経済学者なら、その最大の原因の1つが緊縮財政であることは、みなわかっている。だから、まともな経済学者は、財政緊縮路線を批判する。

ただ、私には不満があった。それは、なぜ財政緊縮が行なわれているのかという分析がないことだ。

もし、財務省が財政緊縮政策をやめて、適切な財政出動（減税を含む）をすれば、経済は大きく成長する。その結果、税収が増えて、財政緊縮策を採るよりも、財政収支が改善するのは明らかだ。それなのに、なぜ財務省は増税や社会保険料負担増、そして社会保障や公共事業のカットを続けるのか。

私の答えは明確だ。それは財務省が「宗教」を通り越して、「カルト教団」になっているからだ。宗教とカルトは「神話」を作って信者をコントロールするという構造を共有している。しかし、そこには決定的な差がある。宗教の最終目的は信者に現世での幸福をもたらすことだが、カルトは教祖や幹部の幸福が目的で、それを実現するために信者の暮らしを破壊してしまうのだ。

2023年10月13日、文部科学省が世界平和統一家庭連合(旧統一教会)の解散命令を東京地裁に請求した。解散命令請求に必要な「継続性」「組織性」「悪質性」の3要件を満たしたからだという。この3要件がカルト教団の特徴なのだ。そして、この3要件はそのまま財務省にも当てはまる。

まずは「継続性」だ。旧統一教会は1980年ごろから高額献金を受け取り、それが継続しているという。タイミングは偶然にも、財務省(旧大蔵省)と同じだ。

1973年に石油ショックが起きたことで、日本経済は深刻な不況に見舞われた。それを脱却しようと政府は公共事業を中心とした大規模な財政出動を行ない、その財源として戦後初めて大規模な国債発行に踏み切った。国債の大部分は10年債だ。石油ショック後に発行した国債の償還期限が迫ってくる。そこで、大蔵省は1980年ごろから「財政再建元年」というキャッチフレーズを掲げて、増税路線に舵を切った。それ以降、増税路線が揺らいだことは一度もない。実際、国民負担率(税・社会保障負担が国民所得に占める割合)はずっと右肩上がりで、2022年度(実績見込み)は47・5%とほぼ5割に達している。江戸時代で言えば、一揆や逃散が頻発したところまで今の日本はきているのだ。にもかかわらず、財務省は増税の手綱を緩めようとはしない。

第二の「組織性」の問題だ。旧統一教会は、高額献金を集めるために、共通の手法を用いてきたと文科省は主張している。

旧統一教会は「高額の壺や経典を売りつけるような霊感商法を組織として行なっておらず、献金はあくまでも信者の意思に基づくものだ」と主張している。表面的にはそのとおりだが、本質は変わっていない。「この世の人たちはすべて堕落人間で、神の子にならないと地獄へ落ちる」という恐怖を信者に植え付け、「その恐怖から逃れるためには献金をしなさい」と説く。

財務省のやっていることも基本的に同じだ。「日本は世界最大の借金を抱え、財政破綻が国民生活の破綻をもたらす」という恐怖心を植え付けることで、増税や社会保険の負担増を正当化する。もちろん、それは真っ赤なウソだ。

2020年度末で、国は1661兆円の負債を抱えている。しかし、国は同時に資産も1121兆円持っている。政府がこんなに資産を持っている国は、日本以外にない。国の財政状況をとらえるには、資産と負債、両方を見る必要があり、両者の差額である540兆円が本当の日本政府が抱える借金となる。2020年度の名目GDP（国内総生産）は527兆円なので、GDPと同額程度の借金ということになり、これは先進国ではごくふつうの水準だ。

さらに、日本政府は「通貨発行益」という巨大な財源を持っている。日銀が保有している国債は2023年3月末で576兆円に達している。日銀に国債を借り換え続けてもらえば、元本を返す必要はないし、政府が払う利子も日銀のわずかの経費を除いて、ほぼ全額が国庫納付金として戻ってくるので、事実上、政府が日銀に国債を買わせた瞬間に利益を得たのと同じことになる。これを私は「通貨発行益」と呼んでいる。この通貨発行益も含めて考えれば、日本は現在、借金ゼロの状況になっているのだ。

にもかかわらず、財務省は「財政赤字を拡大したら、国債が暴落し、為替が暴落し、ハイパーインフレが国民を襲う」と国民を脅迫する。だが、アベノミクスが図らずも、それが間違っていることを証明してしまった。

新型コロナウイルス感染症の拡大で、莫大な予算で対策を講じた2020年度の基礎的財政収支の赤字は80兆円に達した。税収を上回る赤字を出したにもかかわらず、国債の暴落も、為替の暴落も、ハイパーインフレも、まったく起きなかったのだ。

にもかかわらず、岸田政権は猛烈な勢いで財政緊縮を進め、2023年度の基礎的財政収支の赤字は、当初予算ベースで10兆円と、たった3年間で70兆円もの財政引き締めを行なった。国民生活が疲弊して当然なのだ。

なぜ財務省は「経済を拡大して税収を増やす」という方策を採らず、増税や負担増だけを目指すのか。そこには、財務省内での人事評価が大きく関わっている。

財務省では、増税を「勝ち」と言い、減税を「負け」と言う。増税を実現した財務官僚は高く評価され、その後、出世して、最終的に豪華な天下り先が用意される。天下り先での年収自体は数千万円だが、そこに個室と秘書と専用車と海外出張と交際費という豪華５点セットがついてくる。天下りを１人受け入れただけで、受け入れ先には１億円以上の負担が降りかかってくると言われている。

一方、財政出動をした結果、経済が成長して、税収が増えたとしても、財務官僚にはなんのポイントにもならない。だから、財務官僚は増税のことしか考えない。財務省の思考には、経済全体の視点や国民生活のことなど、まったく入っていないのだ。

そして第三の「悪質性」だ。文科省によると、旧統一教会について、高額献金や霊感商法などの金銭トラブルで教団の損害賠償責任を認めた判決が32件、被害の総額が約22億円に及び、和解や示談を含めると被害者は約１５５０人、解決金などの総額で約２０４億円となったとしている。

一方、財務省はどうか。１９８０年度の国民負担率は30・５％だった。２０２２年度はこれが47・5%と17ポイントも上昇している。国民負担率が1980年度のままだったとしたら、現在の国民負担は1年あたり70兆円も少なかったことになる。国民の被害は旧統一教会の比ではないのだ。

しかも統一教会は信者だけから献金を集めているが、財務省は信者だけでなく、国民全体から無理やり徴収をしている。悪質性という意味では、はるかに罪が重い。

さらに、もうひとつ忘れてならないのは、布教活動のやり方だ。カルト教団は、正体を隠して市民に近づき、徐々にマインドコントロールを深めていく。財務省も同じことをする。「ご説明」と称する布教活動だ。その最大のターゲットは、政策決定の権限を持つ閣僚や政権幹部だ。

たとえば、消費税の増税反対を掲げて政権交代を果たした民主党政権に対して、財務省は、政権発足直後から猛烈な「ご説明」攻撃を行なった。その結果、菅直人首相は自民党案の消費税増税がよいと発言するようになり、野田佳彦首相は、自民、公明との3党協議で消費税率10%への道筋をつけてしまった。第二次安倍政権のときも、安倍晋三首相のところに財務省は頻繁に「ご説明」攻撃に訪れた。

しかし、安倍首相は、消費税率の引き上げを2度にわたって延期するなど、反財務省の姿勢を貫いた。『安倍晋三回顧録』（中央公論新社）のなかで、安倍首相は次のように語っている。

「デフレをまだ脱却できていないのに、消費税を上げたら一気に景気が冷え込んでしまう。だから何とか増税を回避したかった。しかし、予算編成を担う財務省の力は強力です。彼らは、自分たちの意向に従わない政権を平気で倒しに来ますから」

本来、行政機構というのは、国民が選挙で選んだ国会議員のなかから内閣総理大臣が指名され、総理大臣が組閣をして、大臣が各省庁の行政をコントロールすることになっている。ところが、財務省だけは、総理大臣が気に入らなかったら、それを倒しに来るのだ。

また、ザイム真理教は、カルト教団と同じく、布教活動に熱心だ。メディアに対して、細かく丁寧なご説明に足を運ぶとともに、財政緊縮政策を批判する論調を記載したメディアには容赦なく税務調査に入る。

そうしたことの結果として、新聞でもテレビでも、「日本の財政は世界最悪の状況であり、消費税を中心とした増税を続けていかないと、次世代に禍根《かこん》を残す」という根拠のない神話が繰り広げられていく。メディアがそうであれば、多くの国民が騙されてしまうのも仕方がないことなのだ。

アベノミクスとはなんだったのか？

財政緊縮派、すなわちザイム真理教信者の皆さんが、ほぼ例外なく批判するのがアベノミクスだ。そこで、まずアベノミクスとはいったいなんだったのかを説明しておこう。

２０１２年12月に発足した第二次安倍晋三政権は、アベノミクスを掲げて日本経済のデフレからの脱却を図ろうと、政策の大転換をした。

①金融緩和、②財政出動、③成長戦略の３本柱だった。

３番目の「成長戦略」に関しては、たいした中身はなかったし、そもそも成長戦略は民間が作るものなので、政府がやれることは限られている。だからアベノミクスの本質は「金融緩和」と「財政出動」だ。

実際に安倍元総理は約束どおり政策を断行した。財政出動もある程度実施した。たとえば、ＧＤＰ統計で見ると、実質公的固定資本形成（公共投資）の前年比伸び率は、２０１１年度が▲２・２％、２０１２年度が１・１％だったのに対して、実質的に第二次安倍政権のスタートとなった２０１３年度は８・５％と、近年ではもっとも高い伸びを実現した。

そして、アベノミクスでとくに注目を集めたのが金融緩和だった。それまで常に緊縮指向だった日銀を改革するため、安倍政権は２０１３年3月に日銀総裁に黒田東彦《はるひこ》氏を就任させ、政策の大転換を図った。いわゆる異次元の金融緩和だ。長引くデフレから脱却するため、２０１３年4月からインフレターゲット政策を導入し、２％の物価上昇率目標が達成されるまで、大規模な資金供給拡大を続けることを宣言したのだ。

安倍政権の金融緩和・財政出動政策がどのような効果を発揮したのかは、その後の消費者物価の動きを見れば明らかだ。

次ページの図表は、異次元金融緩和が始まった直後の消費者物価指数の前年同月比を月別に見たものだ。

アベノミクスが開始される直前まで、１９９７年に消費税率を３％から5％に引き上げたのをきっかけに、日本経済は15年間にわたって物価が下がり続けるデフレに苦しんできた。ところが、２０１３年4月からアベノミクスが始まると、消費者物価指数はするすると上がり始め、２０１３年12月には、ほぼ2％という目標物価上昇率に達している。そして、ほぼ2％の物価上昇率が２０１４年3月まで継続したのだ。経済政策の結果がここまできれいに現れることはきわめて珍しい。それだけ、金融緩和・財政出動という政策が正しかったということだ。

消費者物価上昇率の月別推移

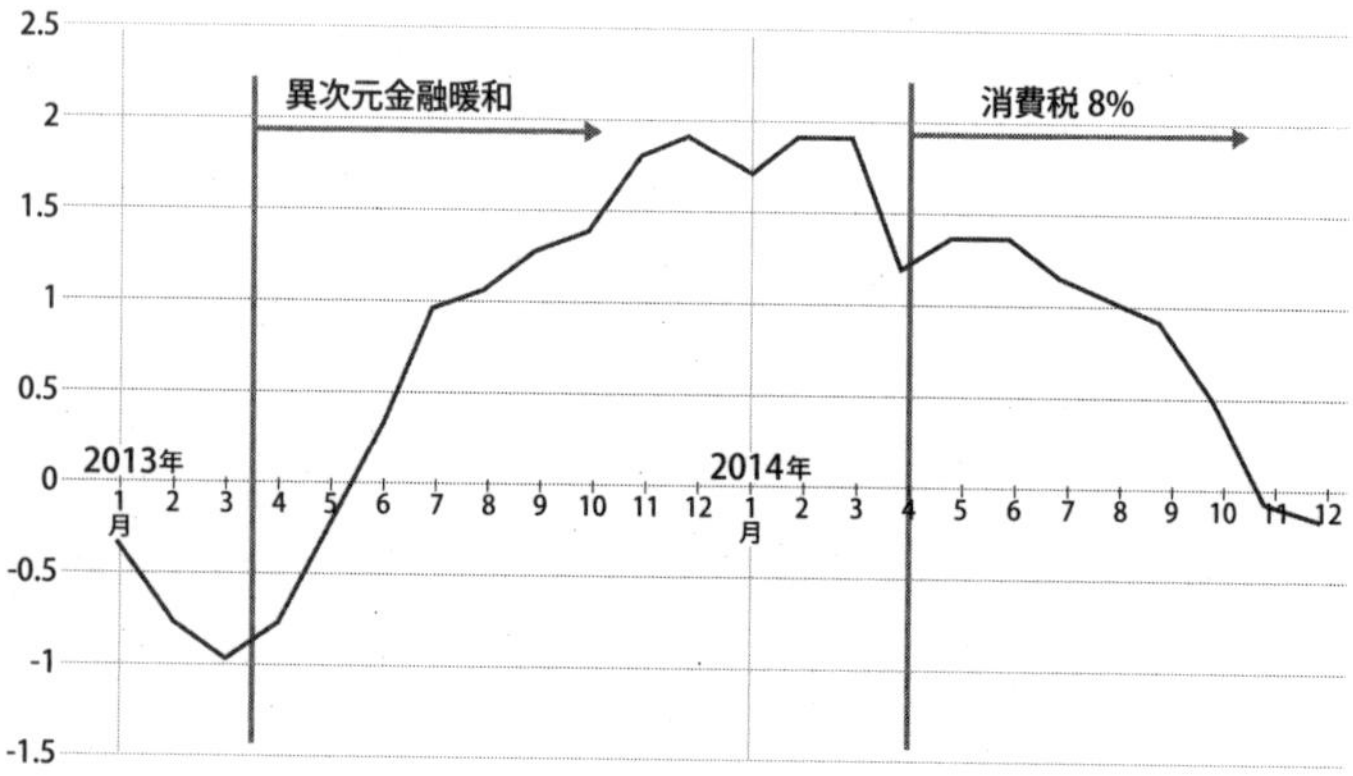

（資料）総務省「消費者物価指数」

（注）2014 年４月以降は、消費税引き上げの直接効果として
２％を実際の上昇率から差し引いている

それはある意味で当然だ。マクロ経済学の教科書には「不況になったら、金融緩和と財政出動をしなさい」と書いてある。つまり、アベノミクスは特殊なことをしたのではなく、まさに教科書どおりの経済政策を採っただけだったのだ。

ところが、２０１４年４月に消費税率を５％から８％に引き上げた途端、事態は急変する。物価上昇率が、目標物価上昇率の２％から急速に転落して、１年足らずでデフレに舞い戻ってしまったのだ。アベノミクスは、消費税増税によって破壊されたのだ。

私はわけがわからなかった。金融緩和を継続するなかで消費税増税をするということは、アクセルを踏みながらブレーキを踏む運転に等しい。そんなことをしたら、クルマは正常な動きができなくなってしまう。経済学の常識に反する経済政策が採られた理由を、私は理解できないでいた。

しかし、最近になって当時の事情が明らかになってきた。じつは、安倍政権は、日銀総裁を黒田東彦氏に入れ替えただけではなかった。副総裁や審議委員を次々に金融緩和派に入れ替えていった。なかでも、新任の岩田規久男副総裁は、異次元金融緩和に理論的バックボーンを与える重要な役割を果たしていた。岩田副総裁は、異次元金融緩和を殺してしまう消費税増税に明確に反対して、そのことを黒田東彦総裁にも進言したという。

ところが、黒田東彦総裁は、岩田副総裁の進言をこう斬り捨てたという。

「消費税の引き上げは、景気動向に一切影響を与えない」

黒田総裁は、法学部出身ではあるものの、財務省時代にオックスフォード大学に留学して経済学を学ぶなど、経済の専門家だ。だから、アクセルとブレーキを同時に踏んではいけないことなど常識でわかっているはずだ。にもかかわらず、消費税増税を簡単に容認してしまった。ここがザイム真理教の恐ろしいところなのだ。経済理論よりも、教団の教義が優先されてしまう。

結局、この消費税増税は経済に致命的な被害を与えた。翌2014年度の実質経済成長率はマイナス0・4%に転落し、その後も低成長が続くことになったからだ。

増税せずに税収を増やす方法

「税収弾性値《だんせいち》」という言葉をご存じだろうか。名目GDPが1%増えたときに税収が何%増えるかという数字だ。税収弾性値は一般的に1を超える。たとえば、給料が増えたとき、給与の増加率を上回って所得税が増える。累進課税の下で、より高い税率が適用されるようになるからだ。

財務省は、中長期の財政計画を立てるときに、この税収弾性値を1・1と設定してきた。

しかし、最近この税収弾性値に異変が起きている。たとえば、2022年度は3・0、2021年度は4・1となっているのだ。

つまり、名目GDPを1%伸ばすと、その3倍から4倍のペースで税収が増えていることになる。もちろん税収弾性値は、単年度で見ると不安定だ。たとえば、2020年度の弾性値は▲1・2とマイナスになっている。そこで、過去5年間平均の弾性値を計算すると、22年度は15・5という恐ろしい数字になっている。そして、2000年以降の数字を眺めていくと、1という数字はなくて、3前後の数字が並んでいる。このことは、増税ではなく、GDPを増やすことを考えていけば、高齢化に伴う社会保障負担増などの財源を確保できることを意味している。

ところが、財務省は、消費税の引き上げなどの増税策ばかりを示して、経済規模拡大による税収増というビジョンはほとんど出てこない。いったいなぜなのか。

財務省内では、増税を「勝ち」、減税を「負け」と呼んで、増税を実現した官僚は栄転したり、よりよい天下り先をあてがわれる。さらに消費税率の引き上げに成功した官僚は「レジェンド」として崇《あが》め奉《たてまつ》られる。一方、経済規模を拡大して税収を増やしても、財務官僚にとってはなんのポイントにもならない。

18年ぶりにセ・リーグ優勝を果たした阪神タイガースは、攻撃面で見ると、チーム打率が突出して高いわけではない。しかし、出塁率はダントツの1位だ。その理由は、選んだ四球の数が圧倒的に多いからだ。ヒットだろうが四球だろうが、塁に出るのは同じだ。そこで岡田監督は、フロントに掛け合って、選手の成績評価で、四球獲得に与えるポイントを高めてもらったという。これにより四球を選ぶ選手が劇的に増えた。

そのことを考えると、財務省の増税路線を改める方法は簡単だ。増税を主導した官僚にマイナスポイントを与え、経済拡大に伴う税収増を実現した官僚にプラスポイントを与えるのだ。そのために官邸が財務省から人事権を取り上げ、個別に官僚の人事評価をすればよいのではないだろうか。

繰り返された〝非科学的〟経済政策

2014年の消費税増税のような非科学的経済政策は、今もなお繰り返されている。その典型が2023年11月2日に政府が閣議決定した経済対策だ。

経済対策の目玉は、所得税・住民税減税だ。物価高で苦しむ国民生活を救うため、岸田総理は「税収増を国民に還元する」と、住民税非課税世帯への7万円の定額給付に加えて、1人あたり住民税1万円、所得税3万円の定額減税を1年に限って実施することにした。

立憲民主党を除く野党からは消費税減税を求める声が出ていたし、自民党の若手国会議員102人で構成する「責任ある積極財政を推進する議員連盟」からも、消費税率を5％に引き下げたうえで、食料品については消費税率を0％とする政策提言がなされていた。だが、そうした案は見向きもされなかった。

岸田総理の打ち出した所得税減税は、消費税減税とくらべると、かなりの問題がある。

第一の問題は、物価高対策にならないことだ。消費税減税であれば、税率引き下げと同時に物価が下がるから、完全な物価抑制効果がある。とくに食料品は物価が9％も上がっているから、軽減税率である8％の消費税をなくせば、物価高の大部分を相殺できる。国民が経済対策の効果を毎日の買い物のたびに感じることができるのだ。一方、所得税減税は、所得を増やすので、理論上は、需給がひっ迫して物価をむしろ押し上げる。

第二の問題は、実施まで時間がかかることだ。来年度の税制改正を行なった後、給料の源泉徴収額が変わるのは翌年6月になってしまう。

第三の問題は、一時的な減税は、貯蓄に回ることが多く、消費を拡大しないことだ。これまで行なわれた一時金給付の効果試算では、給付金のおよそ8割が貯蓄に回ってしまうことが明らかになっている。今回の対策では、減税の後に増税が待ち構えていることを誰もが知っているので、おそらくほとんどが貯蓄に回るだろう。つまり、景気対策の効果はほとんどない。

そして第四の問題は、減税にエアポケットが発生することだ。年間の所得税が3万円を超えるのは、専業主婦の妻がいる世帯で年収320万円、独身者の場合で240万円だ。それ以下の年収の世帯は3万円の定額減税をフルには受けられないことになる。

こうしたことを考えると物価高対策としては、所得税減税よりも消費税減税のほうがはるかに効果が高いのだが、消費税減税の話は、与党幹部から一切出てこない。消費税減税を嫌がる財務省への忖度だろう。

そして、その態度は大手メディアも同じだ。それどころか、大手新聞は、減税そのものにも疑問を投げかける。2023年10月21日の日本経済新聞は一面トップで「所得減税　遠のく財政再建」と掲げ、「ガソリンや電気への補助金などに加えてバラマキ政策が続けば財政再建は遠のく」と減税自体に反対する態度を鮮明にした。

朝日新聞も同じだ。10月20日朝刊の社説は「過去3年、国の税収が物価上昇などの影響で過去最高を更新してきたのは事実だが、収支を見ると赤字がコロナ前より大幅に拡大し、借金頼みに拍車がかかっている。巨額の財政出動を繰り返した結果、歳入増を上回る規模で歳出が膨らんだためだ」と書いている。

朝日新聞は統計を見ているのだろうか。

コロナ前の2019年度の基礎的財政収支の赤字は13・9兆円だった。2023年度予算の基礎的財政収支の赤字は、予算ベースで10・8兆円だ。コロナ前より大幅に赤字は減っている。赤字がコロナ前より大幅に拡大したというのは完全な事実誤認だ。しかも2023年度は予算ベースなので、税収が見積もりより増えたり、予算に不用額（歳出予算のうち、実際に使用しなかった額）が出ると、財政収支はさらに改善する。さらに、政府の抱える借金は、資産をカウントしたネットベースで、前述したとおり通貨発行益を考慮すると、ほぼゼロになっている。借金もなくて、財政赤字もないのに、新聞はいつまで財政破綻を煽るのか。

高齢者は年金をもらいすぎている？

私は、2023年9月30日にテレビ朝日系の「朝まで生テレビ！」に出演した。物価高が続くなかで、国民生活をどう守っていくのか、が議論のテーマだったのだが、その番組のなかで若手論客として注目を浴びている安部敏樹氏が驚くべき提案をした。今の高齢者とくらべて重い税・社会保障負担を強いられている若者世代を救うため、社会保険料の引き下げをすべきだというのだ。

彼の主張の背景はよくわかる。私が社会に出た1980年の国民負担率（税・社会保障負担が国民所得に占める割合）は30・5％だったが、昨年度は47・5％まで上昇している。つまり、かつては稼いだ額のうち税や社会保険料で持っていかれる割合が3割だったのが、今や半分近くが持っていかれる時代になっているのだ。

稼いでも稼いでも持っていかれてしまうという若者の不満はよく聞くが、だったら「減税をしてほしい」と主張するのがふつうだろう。ところが、安部氏は減税ではなく、社会保険料の引き下げを求めたのだ。そうした意見を聞いたことがなかったので、私はCM中に安部氏に詳しい話を聞いてみることにした。

税金と違って社会保険料は、ダイレクトに負担と給付が結びついている。つまり、社会保険料を引き下げれば、給付を減らさないといけなくなる。

「たとえば、健康保険料を引き下げて、アメリカのように手術や入院をすると莫大な費用を請求される社会にしたほうがよいということですか？」

私がそう聞くと、安部氏は、

「そうしたことは考えていません。やるべき改革は年金のほうです。年金の給付を減らす。具体的には給付額を減らすか、今の給付のままで80歳からの支給にするのがよいと思います」と答えた。

給付水準を下げるか、支給開始年齢を繰り延べるのかは、あまり意味がない。現在の制度でも、年金の支給開始年齢は60歳から75歳の間で自由に選べるからだ。

現在は支給開始年齢を１カ月遅らせるごとに年金給付は０・７％増える。この仕組みを前提にすると、年金の支給開始を80歳にすれば、年金は１２６％増えることになる。逆に言えば、原則80歳支給開始になったときに、年金支給開始年齢を現状と同じ65歳から受給すると、年金給付総額は66％減ることになる。つまり、年金の価値が３分の１になるのだ。そうなれば、当然、年金保険料も３分の１に下がる。今の厚生年金保険の保険料率は18・３％で、そのうち半分が労働者の負担になっているから、９・15％の負担だ。それが年金給付を３分の１に下げることで、３・05％に下がる。年収５００万円のサラリーマンであれば、年間30万５０００円の負担減となるので、それなりに大きな効果がある。

もちろん、そこにはとてつもなく大きな代償が待ち受けている。現在、厚生年金の平均給付額は、夫婦で月額21万円だ。それが原則80歳支給になったときに、65歳から給付を受けようとすると夫婦で７万円に下がるのだ。

さらに、今後人口構成が高齢化していくので、安部氏が年金を受け取る時代には４割の削減になる。つまり、夫婦が受け取る公的年金はわずか４万２０００円になってしまう。さすがにそれでは生活することができないだろう。

安部氏と話していて、もうひとつ驚いたことがある。彼のところに財務省の主計局長までがやってきているというのだ。なんでも数兆円規模の大きなプロジェクトを安部氏が構想していて、その打ち合わせのために来ているそうなのだが、私はその打ち合わせの場で財務省の入れ知恵があったのではないかと考えている。

減税を避けたい財務省としては、減税ではなく、社会保障費をカットし、社会保険料を抑制することで国民の負担減を図りたい。だから、「年金をもらいすぎている」と高齢者を悪者にして世代間対立を煽ることで、社会保障カットを正当化したいのではないか。

現に財務省は、毎年の概算要求の段階で、毎年の骨太の方針のなかで、社会保障費総額の上限を決めている。その範囲内で社会保障給付を行なわなければならない厚生労働省は毎年、医療や介護、年金制度を改悪し続けている。私はそうしたやり方には反対だ。少子化が止まらないのも、どんどん老後の見通しが暗くなっているからだ。未来の高齢者の暮らしがみじめなものだったら、誰が子どもを産もうとするのだろうか。

今、日本では猛烈な勢いで税収が増え、減税の余力が高まっている。だから、社会保険の改悪ではなく、消費税減税を行ない、国民の負担減を図ればよいのだ。そうすれば消費が増えて経済が成長し、さらに税収増につながっていくはずなのだ。

税制の常識から外れる「ホリエモン発言」

実業家の「ホリエモン」こと堀江貴文氏が2023年10月12日に、自身のユーチューブチャンネルを更新して、「増税に文句言うやつばっかりだから解説します」という動画を投稿した。増税に反対する国民をバッサリ斬り捨てる内容だった。堀江氏の発言内容は以下のとおりだ。

最近、消費税アップとかインボイスとか増税に関して文句ばっかりいうやつがいるんですけれど、正直みんな表向きのインボイスとかそういったものに踊らされて減税しろ、減税しろなんて言うんだけども。財務官僚の人たちともお話しする機会があるんですけれども、そういったところでいろいろ見えてきたものをまとめてお話ししたいと思います。（中略）そもそも物価高に苦しむ世帯っていうのはほとんど税金を払ってない。（中略）貧乏人は消費税上げたほうがいいんですよ。100円のものが110円になったらすげえ金払っているように思えるかもしれないけど、月に20万円しか使わない人って税金2万円しか払わないいんだよね。月に1000万円使う人って

100万円払うわけじゃない。(中略)金持ちから取ろうと思うんだったら消費税上げたほうがいいんですよ、じつは。そもそもこの国って毎年大赤字で、そこで国債を出して予算を消化しようとしているわけだけれど、最終的に減税すると若い人にツケがくるわけですよね。

本書の読者はすぐにわかると思うが、ホリエモンの見方は、明らかに税制の常識とは異なるものだ。

税金というのは、一般的には所得の高い人ほど高い税率を課すべきだとされている。応能負担という考え方だ。

ところが、消費税の場合は、消費額に一律の税率が課せられている。収入の高い人ほど収入に対する消費の比率(消費性向)が低いから、消費税負担の収入に対する比率は低所得者ほど高くなる。逆進性と呼ばれる現象だ。だから、金持ちから税金を取ろうと思ったら、所得税の最高税率を上げるというのがふつうの答えだ。ただ、実際には富裕層は、自分の会社の経費で生活していることが多いから、金持ちから税金を取ろうと思ったら法人税率を引き上げたり、金持ちの最大の収入源である金融所得の分離課税をやめて、累進課税が適用される所得税に一本化する総合課税に移すというのが正しい方法なのだ。

ところで、堀江氏の発言で注目すべきことがある。堀江氏のところにも財務官僚がやってきているという事実だ。いったい何が起きているのだろうか。

2023年10月15日のフライデーデジタルは、次のような論評をしている。


堀江氏がここまで増税肯定派なのには、他の理由があるのではという見方もある。

堀江氏はロケットベンチャー企業『インターステラ社』で取締役ファウンダーに就任しており観測ロケット『MOMO』の打ち上げに力を注いでいる。

そしてインターステラのHPにはこう書かれている。

《2023年9月29日、スタートアップ等による研究開発を促進する文部科学省の「中小企業イノベーション創出推進事業（SBIRフェーズ3）」に採択されましたので、お知らせいたします。2024年9月末までのフェーズ1事業期間における交付額上限は20億円となります》

その他にもインターステラは経産省の「宇宙産業技術情報基盤整備研究開発事業」を受託もしており、'15年から'20年まで巨額の研究委託料が支払われた。

「ロケット事業に補助金が入っているため、政府に肯定的な発言をしているのでは、という見方もあります」（全国紙記者）

安部敏樹氏も堀江貴文氏も、財務省から直接利益を享受できる立場なのだ。

しかし、直接利益を受ける立場にない論者にもザイム真理教は深く浸透している。

ジャーナリストのなかで、財務省に近いスタンスをとる論者の一人である朝日新聞編集委員の原真人氏は、2023年10月7日の朝日新聞「多事奏論」で次のように述べている。


日本で財政規律はもはや死語なのか。そう言わざるをえないほど政治が壊れてしまったように思える。

岸田文雄首相が経済対策のとりまとめを指示した。物価高対策や持続的賃上げ、人口減対策などを柱に、あれもこれもの内容だ。自民党の幹部たちは「(規模は)少なくとも15兆円、できれば20兆円」「減税も当然、検討対象」などと次々に注文をつけている。


いまは景気が悪いわけではない。日銀短観の大企業の景況感はバブル期に近い好調さだ。それなのに世界最悪の借金依存が心配されている政府と与党によって巨額の追加歳出が検討されているのは、かなり異常な構図である。

岸田首相は「今こそ成長の成果である税収増を国民に適切に還元すべきだ」とあたかも経済成長がまったく新しい対策原資を生んだかのような説明をしている。本当にそうか。首相の説明はいわば「朝三暮四」のようなものではないか。

昔、中国で猿にトチの実を朝三つ、暮れに四つ与えようとしたら少ないと不満が出た。そこで朝四つ、暮れ三つと順序を変え提案した。すると猿は喜んだ。

経済対策の財源論もこのごまかしに似ている。税収増や歳出改革で生み出す財源と言っても、大借金で膨れ上がった政府予算の使い回しにすぎない。突き詰めれば原資はしょせん借金なのである。（中略）

「金利が上昇し始めたら政府の利払い費用は急増する。そうなったら大変なことになる。警戒しておいたほうがいい」

この夏、経済関係者たちが集まる非公開の勉強会で、講師となった黒田東彦・前日銀総裁が政府の国債増発、借金膨張の問題点を諭すように話すと、座にはしらけた空気が流れたという。

総裁在任時には、リフレ論者たちの「金利が上昇しても大した問題にならない」という主張を受け入れているかのような態度をとっていた黒田氏。いま、ひとごとのように警鐘を鳴らし始めたことに、参加者らは「最大の責任者なのにあまりに無責任だ」と、あきれたという。

国家運営の要である財政や通貨価値を犠牲にして、みずからの政権延命のエネルギーに替えてきたアベノミクス。

政権からのデフレ無策批判を避けようと、アベノミクスのATMに成り下がった黒田日銀の異次元緩和――。

そのくびきを解き放ってくれるかもしれないと期待された岸田政権は発足から2年、植田日銀もスタートから半年たった。どちらも前体制のありようとさして変わっていないことにがくぜんとする。


がくぜんとしたのは、この論考を読んだこちらのほうだ。

たとえば、2023年9月の日銀短観で製造業大企業の業況判断指数は+9だ。バブル期は+50近くあった。また、2023年9月の製造業中小企業の業況判断指数は、▲5だ。中小製造業では「景気が悪い」と言っている企業のほうが多いのだ。9月の実質賃金は、前年同月比2・4％も下がって、国民生活は疲弊している。どこが「バブル期に近い好調さ」なのか。

日銀の植田総裁は、長期金利の上限を2023年7月に1％へと引き上げ、10月には

1％超えを容認するなど、着々と金融引き締めを進めている。

岸田総理に至っては、一般会計の基礎的財政収支赤字を2020年度の80兆円から2023年度予算では10兆円に圧縮するなど、急激な財政引き締めに走っている。「前体制のありようとさして変わっていない」どころか、とてつもない財政金融の引き締めが進められているのだ。

そうしたなかで、原真人氏の主張は「もっと財政と金融を緊縮せよ」ということだ。そうした主張は、大手新聞社や大手テレビ局のなかでは珍しくないものだ。彼らは、財務省から予算を獲得するという意味での利権にからんでいるわけではない。

『ザイム真理教』では、大手新聞社が軽減税率の適用を受けていることや本社用地として国有地の払い下げを受けていることを指摘した。しかし、それだけではない。

税務調査という刃

2023年10月23日に私はユーチューブの「新日本文化チャンネル桜」に出演した。共演者のなかに産経新聞の編集委員兼論説委員の田村秀男氏がいた。田村氏は、大手メディアのなかでもっとも的確に経済を分析し、忖度せずに発言を続けている、私がもっとも尊敬するジャーナリストだ。

私は、田村氏に「田村さんのところには、財務省はご説明攻撃に来ないのですか？」と聞いた。田村氏は「一度、数人の財務官僚が産経新聞にやってきたことがあった」と答えた。ところが、田村氏は、そのご説明を自ら頭に叩き込んでいるデータをもとに完膚なきまでに否定してしまったそうだ。いかにも田村氏らしいエピソードなのだが、その直後、産経新聞には税務調査が入ってきたそうだ。

じつは、税務調査を受けたのは産経新聞社だけではない。本と雑誌のニュースサイト「リテラ」は2017年7月4日に「東京新聞が受けていた、ありえない税務調査の嫌がらせ」と題して、次のような記事を載せている。


直近でもっとも露骨だったのは、2011年から2012年にかけての東京新聞（中日新聞）に対する調査だ。財務官僚に籠絡され、消費税増税へとひた走ろうとしていた当時の民主党・野田政権に対して、東京新聞は〈野田改造内閣が発足　増税前にやるべきこと〉〈出先機関改革　実現なくして増税なし〉などの社説で真っ向から批判を展開していた。すると、半年以上の長きにわたる異例の〝調査〟が入り、約2億8600万円の申告漏れが指摘されたのだ。

中日新聞と東京新聞は2016年にも、再び大規模な〝調査〟を受けている。このときは大きな不正はほとんど見つからなかったが、取材源秘匿のため取材先の名前を公開しなかった領収証を経費として認めないなど、重箱の隅をつつくような調査で、約3100万円の申告漏れを指摘された。しかも、こんな少額の申告漏れにもかかわらず、国税当局はこの情報を他のマスコミにリークして記事にさせている。

「2016年の調査は、官邸の意向を受けてのものと言われていましたね。2015年の安保法制強行採決や米軍基地問題での東京新聞の批判に、官邸が激怒し、国税を動かしたのではないか、と」（全国紙政治部記者）

もちろん、こうした目にあっているのは東京新聞だけではない。マスコミが財務省の政策批判や不祥事報道に踏み込んだあとには、必ずといっていいほど、税務調査が入っている。

たとえば、90年代終わり、それまで絶対タブーだった旧大蔵省にマスコミが切り込み、ノーパンしゃぶしゃぶ接待など、汚職事件の端緒を開いたことがあったが、その少し後、2000年代に入ると、国税当局は一斉に新聞各社に税務調査を展開した。

2007年から2009年にかけても、朝日、読売、毎日、そして共同通信に大規模調査が入り、申告漏れや所得隠しが明らかになっている。この時期は第一次安倍政権から福田政権、麻生政権にいたる時期で、マスコミは政権への対決姿勢を明確にし、官僚不祥事を次々に報道していた。これらの調査はその〝報復〟ではないかと指摘された。

さらに、東京新聞に大規模調査が入った2011年には、やはり消費増税に反対していた産経にも〝調査〟が入っている。また、2012年3月には朝日が2億円超の申告漏れを、4月には日本経済新聞が約3億3000万円の申告漏れを指摘された。

また、税務調査による報復は、新聞やテレビだけではなく、週刊誌にも向けられてきた。

「財務省のスキャンダルをやった週刊誌の版元の出版社もことごとく税務調査で嫌がらせを受けてますね。それどころか、フリーのジャーナリストのなかにも、財務官僚のスキャンダルを手がけた後に、税務調査を受けたという人が結構います。年収1千万円にも満たないようなフリーに税務調査が入るなんてことは普通ありえないですから、これは明らかに嫌がらせでしょう」（週刊誌関係者）

税務調査を恐れているのは大手出版社も同じだ。

『ザイム真理教』の出版を拒絶した大手出版社の編集担当者に、私は機会があるごとに、なぜダメだったのかを聞き続けた。そのなかの一人がとても正直に事情を説明してくれた。「担当としてはやりたかったのだが、経営トップの判断で却下された。今の出版不況のなかで、税務調査に入られたら、会社の経営そのものが立ち行かなくなる。会社を守るためには断念せざるをえなかった」

日本の税制では、何を経費として認定するかが、国税調査官の裁量に任されている部分が大きい。だから、真面目に申告をしていても、追徴をすることは容易なのだ。

税務調査の刃は、メディアに登場する有識者にも向けられる。知人の大学教授は、税務調査を受けて数千万円の追徴金を取られた。不当な追徴だと抵抗したら、「だったら重加算税を課しますよ」と、個人では絶対に支払えない追徴額を口にしたという。

個人からそんな追徴をできるはずがないと思われるかもしれない。しかし、仕掛けは簡単だ。大学教授が講演などを頼まれて出張をしたとする。もちろんそのときの旅費や宿泊費・飲食代は全額経費として申告する。ところが、その業務に１％でも私的な部分があったとすると国税は全額を否認できるのだ。

私はほかの人とちょっと違っていて、講演で地方に行っても、仕事が終わったら、どこにも寄らずにすぐに駅や空港に向かう。ついでに観光をすることはほとんどない。

だが、私は路面電車が好きなので、路面電車が走っている街では、必ずスマホで電車の写真を撮っている。だから、私的な部分が1%もないのかと言われたら否定できない。それは事務所の家賃や電話代も一緒だ。事務所から私的な電話を一度もかけたことのない人はほとんどいないだろう。そうした事実が発覚したら、電話代も全否認だ。

そうした手段があちこちに存在するため、個人事業者の場合は生活を破綻させるほど、会社の場合は会社を倒産させるほどの追徴金を取ることができる権力を国税は持っている。それだけではない。税務調査だといって連日事務所に居座られると、業務そのものが立ちいかなくなってしまうのだ。

もちろん財務省を批判したら、全員が税務調査を受けるわけではない。だが、見せしめを作ることで、全員が萎縮し、忖度するようになってしまう。第1章で述べたジャニーズ事務所と同じ構図がここにもあるのだ。

だから、〝賢い〟メディアや有識者は絶対に財務省を批判しない。少なくとも核心的なところは突かない。それどころか、「少子高齢化が進むなかで、日本経済を守ろうと思ったら、つらいけれども消費税の段階的引き上げに耐えていかないといけない」などという白々しいウソをつき続けるのだ。それが税務調査から身を守り、メディアに出続けるための必要条件だからだ。

玉川徹氏は「ザイム真理教」信者か？

この点に関してとても興味深い事例がある。テレビ朝日の「羽鳥慎一モーニングショー」でコメンテーターを務める玉川徹氏の発言だ。玉川氏は、歯に衣着せぬ痛烈な批判で人気を集めているが、財政問題に限っては、これまでもずっと財務省を擁護する論陣を張ってきた。そのためネットの世界では、玉川氏がザイム真理教の信者ではないかと評されるようになっている。

2023年11月14日放送の同番組で玉川氏は、その点について「ぜんぜん『ザイム真理教』じゃない」と否定し、次のようなコメントをした。

一部でぼく、「ザイム真理教」だと言われているんですけど、ぜんぜん「ザイム真理教」ではなくて、たとえば、こんなに野放図に借金してはいけませんよという話と、いやいや借金しても大丈夫ですよ、という話をくらべれば、明らかに借金をしてはいけませんに理がある。

先進国のなかでも日本ほど借金をしている国はない。累積赤字みても日本は

260％ですから、次のイタリアだって140何％で、圧倒的。破綻しないといわれても、インフレという形で返ってくるかもしれないと言われればそのとおりだと思う。

また、岸田政権による、燃料費の高騰に対する「激変緩和措置」としてガソリン補助金を継続していることについても、以下のように論評した。

使っている金額がケタが違う。激変緩和には意味があると思う。だけど激変緩和の時期は終わった。これからイスラエルの問題、中東の問題もあって高止まりする可能性だってある。円が安い状態もまだまだ続いていく可能性がある。ずっとやるのかという話。

たとえば所得の低い人とか、小さな企業とか、そういうところに対する補助というほうに切り替えていかないと。今、一律だから、儲かっている大企業でも、お金持ちでもみなガソリンに関して補助している。それでものすごいお金を使ってしまっている。根本のところを考え直すタイミングだと思う。

この日に限らず、たとえば10月24日の同番組内でも、「税収が思ったよりも多くて、ということだと思うが、剰余金は2・6兆円ぐらい。筋論でいうと、これだけ借金をして財政運営をしているときに、税収が思ったよりも多かったら、次の借金を減らすっていうふうなことが筋じゃないか」と発言している。

玉川氏は、自らをザイム真理教信者ではないと言いながら、その主張はザイム真理教の教義そのものだ。このため、ネットの世界では、玉川氏信者説がむしろ強まってしまったのだ。

玉川氏が〝入信〟しているのかどうかは、正直よくわからない。もしかしたらわかっていて、あえて財務省擁護をしているのかもしれない。ただ、ひとつ確実なことがある。それは、玉川氏が手厳しい政府批判を繰り返しながらも、一貫して財務省寄りの論評をしてきたことによって、テレビの世界で生き残ってきたという事実だ。

日本のメディアでは、財務省批判は絶対のタブーだ。それは財務省が独裁者だからだ。誰も「王様は裸だ」と口にしてはいけないのだ。

一方、財務省はメディアに対するアメも用意している。

2023年10月18日にニッポン放送「垣花正あなたとハッピー！」に出演した元財務官僚の高橋洋一嘉悦大学教授は、その事情を次のように述べている。

「財務省が統計や政策を発表するときには、大手新聞社の論説委員クラスに手分けをしてご説明に出かける。そして、彼らが書いた記事は集められ、財務省で『品評会』が行なわれる。評価の高い記事を書いた新聞社はその後厚遇され、記者自身も、財政制度審議会の委員に登用されることもある」

審議会でさらなる〝活躍〟を続ければ、天下り先さえ用意される場合もあるのだ。

こうしたアメとムチによって、メディアも有識者もザイム真理教の軍門に下り、そしてザイム真理教の広告塔としての役割を担うことになっていくのである。

きめ細かく、熱心な布教活動

『ザイム真理教』の出版後に私が新たに始めた活動がある。それは政治家や、情報番組や報道番組に出演しているコメンテーターなどに「財務省からのご説明を受けたことがあるか」と尋ねる調査だ。

まだ、サンプルが多くないので、断定的なことは言えないのだが、驚くほどの人数が、財務省のご説明を受けたことがあると答えた。

たとえば、お笑い芸人のたかまつなな氏のところにも来ているそうだ。というよりも、現段階で財務省の官僚が来たことがないのは、私が確認した限り、私とれいわ新選組の山本太郎代表だけなのだ。財務省に対して批判的なコメントをしている荻原博子氏や須田慎一郎氏のところにも、かつて財務官僚がご説明に来たことがあるという。

私は2年間だけ経済企画庁で働いたことがある。官僚の仕事は忙しい。通常業務に加えて、国会答弁の作成や予算要求などの仕事が重なるからだ。それなのに、財務官僚がこれだけ多くの布教活動をしているということは、いったい彼らはいつ本来の仕事をしているのかという疑問を惹起させる。

布教活動に大きな時間を割くのはカルト教団に共通することだ。なぜ布教に力を入れないといけないのかというと、冷静な判断にまかせていたら、信者が増えないからだ。

ザイム真理教の布教活動は、子どもたちにも及んでいる。『うんこ税金ドリル』をご存じだろうか。1000万部を突破し小学生に圧倒的な認知度を誇る『うんこドリル』シリーズと財務省主税局がコラボして制作した冊子だ。さらに第2弾としてオンラインゲーム版も登場している。

財務官僚がご説明攻撃に使っている人件費も、『うんこ税金ドリル』の制作費もすべて税金だ。国民の血税を布教活動につぎ込むくらいなら、その分減税をしたほうが国民のためになるのではないだろうか。

財務官僚は無罪放免

歴代総理のなかで唯一「反財務省」のスタンスをとった安倍晋三元総理が、2020年8月に辞意を表明した。持病の潰瘍性大腸炎が再発し、体力が万全でないなかで政策判断を誤ってはならないというのが表向きの辞任理由だったが、安倍元総理にとって森友学園の問題がとてつもない重荷になっていたことは間違いないだろう。

森友学園問題とは、大阪市内で幼稚園を経営していた学校法人森友学園が、2016年6月に桁違いの格安価格で豊中市の国有地の払い下げを受けた問題だ。

森友学園は8770平米の土地を1億3400万円で譲り受けたが、豊中市が払い下げを受けた隣接区画は9492平米で15億4555万円だった。つまり、森友学園が払い下げを受けた土地の平米あたりの単価は、豊中市の9・6%。10分の1以下の値段だったことになる。

しかも安倍元総理の昭恵夫人が森友学園の籠池泰典理事長と親密にしていたことや、新設される瑞穂の國記念小學院の名誉校長に昭恵夫人が就任していたことから、メディアは安倍元総理がなんらかの便宜を図ったのではないかと厳しい追及を始めた。

その間、財務省は、森友学園への国有地払い下げに関して、政治家の関与を一貫して否定した。おそらく安倍元総理は、森友学園に安く国有地を払い下げてやってくれという指示を財務省に出してはいないはずだ。安倍元総理は戦後唯一といってよい反財務省の政治家だったから、財務省に借りを作るような行動をするはずがない。

実際、２０１７年2月17日の衆議院予算委員会で、安倍元総理は、民進党（当時）の福島伸享《のぶゆき》代議士からの質問を受けて、「私や妻がこの認可あるいは国有地払い下げに、もちろん事務所も含めて、一切関わっていないということは明確にさせていただきたいと思います。もし関わっていたのであれば、私は総理大臣をやめるということでありますから、それははっきりと申しあげたい」と答弁した。

安倍元総理が国有地払い下げに実際に関与したかどうかは、財務省にとってはどうでもよいことだった。森友学園問題の疑惑が持ち上がるなかで、60%近かった安倍内閣の支持率が40%を切るところまで急落したからだ。財務省は、安倍元総理を追い詰めるのに成功したのだ。ところが、北朝鮮がミサイルを撃ち始めたことで内閣支持率が急回復し、それを受けて、安倍元総理は10月22日投票の解散総選挙に打って出た。結果は、与党が3分の2以上の議席を獲得する圧勝だった。これで森友学園問題のみそぎは済んだという見方もなされていた。

ただ、財務省は二の矢を用意していた。2018年3月2日、朝日新聞がスクープを発信した。財務省が森友学園への国有地払い下げ契約に関する決裁文書を書き換えた疑いがあるというのだ。

3月12日に財務省はこの報道が事実であることを認め、当初の決裁文書から削除された内容は「本件の特殊性」といった文言や、昭恵夫人および政治家らについての記載だったとした。書き換えは2017年2月下旬から4月にかけて行なわれており、財務省は1年間もウソの決裁文書を示すことで国会と国民を欺いていたことになる。しかも、財務省は、改ざんは本省（佐川宣寿理財局長）からの指示で近畿財務局が行なったことも認めた。

虚偽公文書作成は、懲役1年以上10年以下の重大犯罪だ。ところが、大阪地検特捜部はこの事件を不起訴としたのだ。同時に、国有地を格安で払い下げたことによる背任容疑に関しても、違法性があったとはいえないとした。

一般常識で考えられない検察の判断で、公文書改ざんの刑事責任は問われないことになった。

検察官も行政機構の一部だ。彼らの予算は、財務省が握っている。また捜査に必要な銀行取引や税務関連のデータも財務省の協力なしには得られない。明確な証拠があるわけではないが、検察が財務省への忖度をした可能性は否定できないだろう。

ただ、仮に財務官僚への刑事責任追及ができなかったとしても、行政処分は可能だ。ところが、2018年6月4日に公表された懲戒処分は、すでに辞職していた佐川宣寿前国税庁長官（改ざん時は理財局長）を停職3カ月相当にするなど、20人を懲戒や厳重注意などの軽い処分で済ませ、麻生太郎財務大臣自身は、閣僚給与1年分を自主返納するだけに終わった。

佐川元理財局長は懲戒免職にすべきだったと私は思う。私だけでなく、ほとんどの国民はそう思うだろう。しかし、現実にはこれだけひどい犯罪をしても〝上級国民〟の財務官僚は無罪放免になってしまうのだ。

しかし、事件はこれで終わらなかった。

2018年3月7日、土地の売却を管轄する近畿財務局職員の赤木俊夫氏が自殺した。決裁文書の改ざんを命じられた赤木氏は、良心の呵責からうつ病になり休職していた。

赤木氏の妻の赤木雅子氏は、2020年3月18日、国と佐川宣寿元同省理財局長を提訴した。形式上は損害賠償請求や情報開示請求だが、雅子氏は「夫が死を選ぶ原因となった改ざんは誰がなんのためにやったのか。改ざんをする原因となった土地の売り払いはどうやって行なわれたか、真実を知りたい」と語り、本当の目的が真実の追究であると明らかにした。

雅子氏が起こした裁判は3ルートが存在した。1つは、国に対する約1億円の補償を求めた損害賠償請求、2つ目は、佐川元理財局長に対して550万円（その後1650万円に増額）の補償を求めた損害賠償請求、3つ目が、財務省が検察に任意提出した文書を開示する情報開示請求だ。

このうち国への損害賠償請求の裁判は、驚愕の結末を迎えた。

2021年12月15日、大阪地裁で行なわれた裁判で、国側はその場で賠償責任を認め、1億円の請求を受け入れる書面を提出して、裁判が終結したのだ。全面的に賠償責任を認めることを法律用語では「認諾《にんだく》」というそうだが、私はその言葉を初めて聞いた。国が全面的に責任を認めたのは反省したからではない。裁判が長引くことで真実が明らかになることを防ぎたかったのだろう。もちろん、この賠償金は国民の税金から支払われるのだ。

残りの2ルートの裁判は継続している。

1つは改ざんの指示を出したとされる佐川宣寿元理財局長を訴えたものだ。その裁判の控訴審で、2023年9月13日に口頭弁論が開かれた。焦点は、雅子さんが求めた佐川氏への尋問が認められるかどうかだった。

雅子さんは「最後に裁判官の皆さまにお願いがあります。私は夫がどうして死ななければならなかったのかを知りたいです。そのためにも、法廷で改ざんに関わった人たちから話を聞きたいです。仕事の上で犯罪行為をしてもなんの説明もせず責任を逃れられることがここで証明されるのはおかしいと思います」と要求したのだが、裁判長は最終的に「尋問を実施する必要はないと考えます」とあっさり退けてしまった。

この控訴審の判決が2023年12月19日に行なわれ、大方の予想どおり大阪高裁は雅子さんの控訴を棄却した。雅子さんは即座に最高裁への上告の決意を表明した。

そして2023年9月14日、雅子さんが財務省に情報開示を求めた裁判の地裁判決があった。財務省が捜査の際に検察に任意提出した文書などを開示するよう雅子さんは財務省に求めたが、文書が存在するかどうかも含めて開示できないと財務省が回答したため、裁判に持ち込んだ。

しかし、判決は、文書の存否を含めて開示する必要がないとし、雅子さんの全面敗訴となった。裁判長は判決理由として、「捜査手法や対象が推知され証拠隠滅が容易になるなど、将来の刑事事件の捜査に支障が及ぶ恐れがある」と述べた。

財務省が検察に提出した文書があるかどうかを開示すると、なぜ将来の刑事事件の捜査に悪影響が出るのか、私にはまったく理解できない。

この事件では、財務省本省の命令で公務員としてもっともやってはいけない「決裁文書の改ざん」という重大犯罪が行なわれ、しかも一人の財務局職員が苦悩のなか、命を落としているのだ。真実を明らかにするほうが同様の事件発生を抑制できるのではないか。

財務省は、司法・立法の上に位置する

こうした事態を受けて、「財務省と裁判所はグルではないのか」という批判も高まっている。

私はグルというより、検察も裁判所も、財務省に隷属しているのだと考えている。裁判官も検察官も公務員だ。彼らの活動を支える予算はすべて財務省が握っている。財務省を敵に回したら、仕事ができなくなってしまうのだ。

財務省はこの事件を闇に葬ろうとしているとしか思えない。佐川元理財局長は、刑事責任を問われていない。それどころか、懲戒免職ではなく、依願退職扱いとなって、4999万円もの退職金を受け取っている。さらに、裁判で佐川元局長の代理人は、佐川氏が早く裁判を終結させて再就職をしたいと考えていると述べている。退職金に加えて天下りまで目論んでいるのだろう。

赤木俊夫さんは、亡くなる前に手記を残していて、そこにはこう書かれていた。

「最後は下部がしっぽを切られる。なんて世の中だ」

教科書には、「日本は、司法と立法と行政がそれぞれ独立する三権分立」だと書かれている。しかし、エリート中のエリートである財務官僚だけは別だ。彼らは司法の上に立ち、政治家を洗脳することで立法の上にも立っている。その地位は絶対君主に等しい。

そんなおかしなことがまかり通っているというのに、メディアの追及は、表面的なところにとどまっている。財務省はメディアの上にも立っているということなのだろう。

ちなみに元経産官僚の古賀茂明氏が、２０２３年12月26日のＡＥＲＡ dot. に「元財務省・佐川氏をかばい続ける絶望的な司法『上級国民』なら故意の犯罪も許されるのか」と題した興味深い論考を発表している。その一部を引用しよう。

今回の判決は、違法行為をした公務員個人には、直接の損害賠償請求はできなくても、「懲戒処分や刑事処分などで」制裁が加えられるはずだと述べたが、それが全く実現していないことへの言及はなかった。

また、国から佐川氏への求償権の行使もなされていない。

つまり、本来法律が想定した公務員への制裁は空振りになっているのだ。

ここでよく考えてみよう。

仮に、会社に雇われた運転手が職務中に事故を起こして人を死なせてしまった場合、その遺族は、会社に対して損害賠償を請求することもできるが、運転手個人にも同様の請求ができる。それは運転手に故意や重大な過失がなくても認められる。

ところが、今回の判決をそのまま放置すれば、完全な故意によって犯罪行為を指示し、公文書改ざんをさせた上に、それによって一人の人間を死に追いやった公務員は、なんのお咎めもなしで、謝罪すらしなくても良いということになる。

「公務員」だから、罪を犯しても特別に法律によって守られているのだ。

繰り返して言おう。

「一般市民は、悪意なく単なる過失で損害を与えたら、被害者側に直接損害賠償責任を負うのに対して、公務員だけは、悪意を持って罪を犯しても損害賠償しなくて良い」というのが裁判所の考えなのだ。

どう考えてもおかしいだろう。法律もそんなことを想定したとは到底思えない。故意に損害を与え、特に悪質な場合で、しかも十分な懲戒処分も刑事処分もまた国による求償権の行使もなされない場合に限っては、例外的に、被害者が公務員個人に直接損害賠償を求めることを認めるべきではないのか。

私は、古賀茂明氏の意見に全面的に賛成だ。

ただひとつ、「公務員」だから刑事罰が科せられないとか、「公務員」だから求償権を行使されないのではない。一般の公務員なら、当然それは行なわれている。刑事罰や求償権から完全に逃れられているのは、〝上級国民中の上級国民〟である財務省のキャリア官僚だけなのだ。

ザイム真理教問題を解決する秘策

２０２３年11月8日、衆議院財務金融委員会で、鈴木俊一財務大臣は岸田総理が打ち出した「税収増を国民に還元する」という所得税・住民税減税に関して、次のような答弁をした。

「税収の増えた分は、政策的経費や国債の償還などですでに使っている。減税をするなら国債を発行しなければならない」

岸田総理の打ち出した政策を真っ向から否定したのだ。

この発言を受けて、メディア各社は一斉に「財務省が岸田総理を切り捨てに来た」と報じた。総理の打ち出した最重要政策を財務大臣が否定するというのは、閣内不統一にほかならないし、鈴木財務大臣はフリートークで話したのではなく、答弁書を読んでいた。答弁書を作成したのは財務省だ。だから、財務省が岸田政権をつぶしに来たというのはきわめて自然な解釈なのだ。

安倍晋三元総理は『安倍晋三回顧録』のなかで「予算編成を担う財務省の力は強力です。彼らは、自分たちの意向に従わない政権を平気で倒しに来ますから」と述べている。その言葉どおりに「減税」という財務省の意向に従わない政策を採った岸田総理を倒しに来たのだ。

しかし、冷静に考えたら、この権力構造は明らかにおかしなものだ。

国民が選んだ国会議員の投票によって、内閣総理大臣、すなわち行政機関のトップが選ばれる。財務省は当然その指揮下に置かれる。ところが、こと財務省だけが、総理大臣の上に立ち、総理の打ち出す政策が自分たちの意向に沿わないと、総理大臣を切り捨てに来るのだ。

国民は財務省の官僚を選挙で選んだわけではない。国民に選ばれていない人が、国権の最高権力者として君臨するという統治機構は明らかにおかしいのだ。

私は、ザイム真理教問題を解決するためには、財務省に解散命令を出すしかないと考えているが、残念ながら財務省は宗教法人ではないので、宗教法人法に基づいて解散命令を出すことができない。しかし、実質的に同じことを実行することはできる。それは、財務官僚の究極の目的である天下りを完全禁止するとともに、彼らの権力の大きな源泉となっている国税庁を完全分離することだ。

じつは第一次安倍政権で官僚の天下りを禁止しようという計画があった。しかし、そこで行なわれたのは、天下りの斡旋の禁止である。天下りそのものを禁止することはできなかった。当時、改革の現場にいた高橋洋一嘉悦大教授に聞いたところ、憲法が規定する職業選択の自由に抵触するので、天下りの禁止にまでは踏み込めなかったという。

しかし、安倍政権は集団的自衛権の行使を解釈改憲で可能にした。岸田政権は、敵基地攻撃能力の保有を解禁した。いずれもふつうに憲法を読めば、どう考えても「9条」に違反する行動だ。それが許されるのであれば、財務官僚の天下りを禁止するなど、たいした問題ではない。財務省のキャリア官僚の数はせいぜい数百人にすぎないからだ。

そして、どうしても職業選択の自由にこだわるのであれば、財務官僚に限って、生涯の雇用保証を与えてもよいだろう。少々の人件費負担は生ずるが、彼らが日本経済を破壊している被害額とくらべれば、その負担など微々たるものだからだ。

第3章

日航123便はなぜ墜落したのか

踏みにじられた遺族の声

2023年6月1日、東京高等裁判所である判決が下された。

「令和4年 ネ 第4966号事件、判決を言い渡します。

主文1、本件控訴を棄却する。2、控訴費用は原告が負担する。以上です」

判決理由が語られることもなく、3人の裁判官は踵《きびす》を返して法廷を去った。判決に要した時間は10秒にも満たなかった。

この裁判は、1985年8月12日に日本航空123便の墜落で夫を亡くした吉備素子さんが、日本航空にボイスレコーダーやフライトレコーダーの開示を求めた裁判の控訴審だった。その裁判の第2回口頭弁論期日で、吉備素子さんが行なった陳述は次のとおりだ。

土田昭彦裁判長、日航の弁護士、社員、傍聴の皆さん、私は38年前に、遺体安置所でさまざまなことを見聞きしました。なんで？ どうして？ これはなんなの？ といった疑問だらけで、高木日航社長にも、運輸省の人にも、会いました。群馬県警の河村本部長の言葉も不思議でした。まだ墜落原因もわからないときに、いきなり和解の同意を求められました。その際は、遺族にはお金がなくてたいへんな状況の人もいる。一家の大黒柱を失い、明日の生活に困る人もいる。そういうたいへんな状況は自分も同じで理解できるので、取り急ぎ、お金のことだけは和解に同意した。それが和解という意味です。

しかし、その後も、なんで？　どうして？　の疑問が払しょくできないまま月日が経ち、今から10年以上前に青山透子さんの本と出合い、すぐに出版社に自分から会いにいって、今までの疑問をすべて話をしました。その後、次々と5冊も本を書いてくれて、本当に感謝しています。長年の疑問が解ける思いでした。そこで、直接、日航にボイスレコーダーを聞かせてくれと言ったら、拒否されたのです。仕方がないから、裁判という形で訴えることになりました。

今、私は一人で裁判を行なっていますが、多くの遺族の本心は私に伝わっています。ほかの遺族は、ただここに出てくることでまた精神的な負担や、困難があるのでできないだけなのです。そのあたりを十分にくみ取ってあげてください。今回の裁判で一緒に出てくれると言った市原さんも結果的には取り下げることになってしまい、つらい思いをさせたのではないだろうかと、自分を責める思いでした。でも本当に市原さんには感謝しています。そういう遺族が後ろに大勢いるのです。その気持ちもあわせて、受け止めていただきたいのです。十分に審議を尽くしていただけますようお願い申しあげます。

控訴審判決のあとで、東京高裁が明らかにした判決理由は次のとおりだった。

1　原判決補正し、いくつかの箇所を加筆修正した。「控訴人は、ボイスレコーダーおよびフライトレコーダーの搭載は航空会社と乗客との間の安全運航契約の一内容になっていると主張するが、採用出来ない」

2　平成3年3月26日、東京地方裁判所昭和63年（ワ）第1074号事件につき、原告の一人として、被告であったザ・ボーイング・カンパニーおよび利害関係人であった被控訴人との間で、ザ・ボーイング・カンパニーおよび被控訴人が連帯して本件和解金として同事件の特定の原告らに対しそれぞれ特定の額の金員を支払い、同原告らは今後本件事故に関し、いかなる事情が生じても、ザ・ボーイング・カンパニーおよび被控訴人はもとより同社の役職員、代理人、関係会社、下請け会社および納入業者に対し、国内外問わず、日本法または外国法を理由として、裁判上裁判外で一切の異議を述べず、また何等かの請求をしないものとするなどの内容を含む訴訟上の和解をしている。
3　ボイスレコーダー等は特定の個人情報ではなく、秘匿性の高いものでも第三者に開示または公表されないことを欲する情報でもないから、本件調査報告書の公表を踏まえ、特段に事故情報コントロールにもとづき、開示を求める権利を有するものではない。なお、ボイスレコーダー等の記録は、公文書にも該当しない。
4　運送約款にもとづく請求権も含め、本件事故に係る一切の請求権を消滅させる和解をしており、その後にもその権利は存在しない。従って本件和解後においても請求する権利はない。
5　従ってその前提を欠くものであり、いずれも理由がないから、これを棄却することとして、主文通りに判決する。

要するに、遺族はボーイング社や日本航空と和解した際に、それ以上の請求をしないという約束をしているのだから、ボイスレコーダーやフライトレコーダーのデータを開示する必要はないし、遺族にはそもそもボイスレコーダー等の開示を求める権利がないという「門前払い」の判決だ。

自分の夫がどのような理由で命を落としたのか知りたいというのは、遺族の基本的な心情だろう。裁判所がそうした心情に寄り添うことは一切なかったということだ。

この裁判は、2024年2月現在、最高裁に審理の舞台を移しているが、とても不思議なのは、過去の航空機事故で日本航空はボイスレコーダーやフライトレコーダーのデータを開示したこともあるのに、123便に限ってはかたくなに情報を開示しようとしないことだ。

それはなぜなのか。私には、データの開示が日本政府にとって、とてつもない不都合な真実を明らかにしてしまうからだと思えてならないのだ。

では、その不都合な真実とはなんなのだろうか。

違和感だらけの日本航空123便の墜落

四半世紀前から、報道番組に関わるようになって以降、私の心のなかにはもやもやした疑問がずっとつきまとってきた。

1985年8月12日18時12分、大阪・伊丹空港に向けて羽田空港を飛び立った日本航空123便は、同日18時56分に御巣鷹《おすたか》の尾根に墜落した。乗客乗員524人中520人が死亡するという、単独機としてはいまだに世界最大の航空機事故となっている。

事故の原因は、運輸省航空事故調査委員会の報告ではこうなっている。

「１２３便の機体後部にある圧力隔壁《かくへき》が破損し、機体内部から噴き出した空気の圧力で尾翼の一部と油圧装置が吹き飛んで、機体のコントロールが不可能になり、墜落事故が起きた」

機体は、過去に伊丹空港で尻もち事故を起こしており、そのときに破損した圧力隔壁をボーイング社が修理した際、十分な強度を持たない誤った方法で行なったため、それが破損につながったとされたのだ。今でもこの公式見解は一切変更されていない。

しかし、この事故原因に関しては、当初からさまざまな疑念が呈されてきた。なかでも当初から私が抱えていた大きな疑問は、墜落現場の特定が大幅に遅れたことだ。

墜落時間は8月12日の18時56分だが、地元の消防団員が生存者の落合由美さんを発見したのは翌日午前10時54分だった。自衛隊が墜落現場を特定したのも、公式には翌朝４時39分ということになっている。すぐに救出に向かえば、多くの人命が救えたにもかかわらず、現場の特定が大幅に遅れたのだ。

しかし、内陸部に墜落したのだから、機体は直前まで確実にレーダーで捉えられていたはずだ。しかも、なぜか墜落現場は当初、現場とは無関係の長野県とされるなど、翌朝まで墜落地点の報道が二転三転し、特定されなかったのだ。特定されなかった原因は、当時は今のようなGPSが存在せず、地上からも火の手が上がるのを確認できず情報が錯綜した、とされている。

しかし、それは間違っている。

当初、墜落場所とされた長野県の北相木村《きたあいき》に、報道機関として一番乗りを果たしたのは、ラジオ局・文化放送報道部の大村公夫記者だった。大村記者はたまたま休暇で富士見高原に出かけていて、墜落現場近くにいた。2004年2月10日発行の「放送人の会」第18号に大村記者が次のような投稿をしている。

第一報での墜落場所は「長野県南相木村の山中」だった。私の居た所は長野県富士見高原で、直線にしてほぼ30数キロしかない。（中略）

記者魂に押し出されたといえばカッコいいが、気がつけば車を運転して小海線沿いの道を南相木村に向って飛ばしていた。最新の情報を得るために村の駐在に駆け込んだものの、警察官はもとより無人の状態。改めて今度は消防署の明かりが見えたので飛び込むと『南じゃなくて〝北〟相木村らしい』という。北相木村役場に漸く到着すると、地元の消防や警察が既に捜索のため山に向う最中だった。夜8時過ぎどこの局

より早く「現場からの第一声」が私の声で文化放送から流れた。（中略）
今から思えば、我々は墜落現場の裏側の山裾にいたわけだが、山の峰を透かして赤い夕焼けのような火が見えていて心が痛んだ。

当時の文化放送の「社報」も確認させてもらったが、大村記者の行動は、そこにも記載されており、事実であることは間違いない。私は最近になって大村記者に直接話を聞きたいと思い、連絡先を調べてもらったのだが、残念ながら大村記者はすでに亡くなっていた。

ただ、午後8時すぎという墜落直後の時間に文化放送の記者が墜落場所をおよそ特定していたことは事実だ。そのほかにも、墜落地点近くの住民から、国や県への通報が相次いでいたにもかかわらず、政府は墜落場所がわからないと翌朝まで言い続けたのだ。

また、墜落の翌日の1985年8月13日付読売新聞（大阪版）にも「午前2時10分　航空自衛隊から、墜落場所は群馬県多野郡上野村の御巣鷹山ろくとの情報が入る」との記事が掲載されている。

さらに墜落現場となった群馬県上野村の村長は、政府関係者と県に墜落直後に「墜落場所は自分たちの村だ」ということを連絡している。にもかかわらず、当事者の声は無視されたのだ。

どう考えても、政府や自衛隊がかなり早い時期に墜落場所を特定していたことは間違いない。

ただ正直言って、当時の私は違和感を覚えたものの連日深夜まで働く状況が続いていたこともあり、この疑惑を自ら動いて調べるだけの時間的な余裕がなかった。

そうして事故発生から9年が経過したころ、衝撃的な報道がテレビから流された。

「ニュースステーション」が放送した衝撃の特集

1994年9月25日、テレビ朝日の「ニュースステーション」が「日航機墜落事故　米軍幻の救出劇」という特集を放映した。私が「ニュースステーション」のコメンテーターになったのが2000年1月からだから、その約5年前のことだ。12分程度の短い特集だったが、その内容は驚くべきものだった。少し長くなるが、その内容を再録しよう。

＊

1985年8月12日、日本の航空管制の心臓部、東京航空交通管制部に緊急信号が飛び込んだ。発信したのは、羽田を離陸したJAL123便。乗員乗客524人はもとより、日本中が前代未聞の大パニックに陥った。生存者の救出が始まるまでに13時間を要した。
そして今、1人の元アメリカ軍人が10年の沈黙を破り、救助の真相を語り始めた。墜落のわずか2時間後には、現場上空に米軍ヘリが到着。空前の救出劇が始まろうとしていた。

今年8月、日航機墜落事故の真相を語る手記がカリフォルニア州サクラメントの地元紙に掲載された。手記を発表したのは、雑誌編集長のマイケル・アントヌーチ氏。元空軍パイロットとして10年前、日本の横田基地に駐屯。大型輸送機C－130のナビゲーター（航空士）を務めていた。

あの日、JAL123便が発信した緊急信号は付近を飛行中の米軍C－130輸送機もキャッチしていた。

「日航機の緊急信号を受けた直後、JALの機長が管制塔と英語ではなく日本語で話しているのを聞いて、これは一大事だと気づいたのです」（アントヌーチ氏）

事実、運輸省がまとめた事故調査報告書には6時31分、管制官が日航機に日本語で話しても構わないと指示している。

123便の機影がレーダーから消えると、米軍横田基地司令部は、アントヌーチ氏が乗るC－130輸送機に日航機の捜索を命じた。

「巨大な山火事を発見しました。あたりはちょうど夕暮れでしたが、地面はまだ見える明るさでした。くすぶる木や炎も見えました」（アントヌーチ氏）

米軍による墜落地点発見の第一報は、日本の航空関係者に大きな衝撃を与えた。アントヌーチ氏が乗っている米軍輸送機は現場の上空で旋回を続け、情報収集に努めた。

「8時半頃横田からの連絡で救難ヘリがすでに現場に向かっているというんです。本当に嬉しかった。輸送機じゃ大きいばかりで着陸できませんからね」（アントヌーチ氏）

当日、アントヌーチ氏と同じ輸送機に機長として乗っていたジョン・グリフィン氏は現場の模様をこう語る。

「1時間ほど旋回していたら、キャンプ座間から陸軍のヘリがやってきたんです」（ジョン・グリフィン米空軍大尉）

アメリカ陸軍キャンプ座間には、当時4機のUH－1ヘリコプターが常駐していたと確認されている。

ベトナム戦争でも活躍したUH－1ヘリコプターは、陸軍の救難活動には欠かせない。隊員一人一人が小型無線機を携帯し、機体には物資や人員をつり上げる装置が取り付けられている。

「ヘリの乗組員はなんとかして隊員を地上に降ろそうとしていました。暗かったけれど

も、あの状況でロープを垂らして隊員を地面に降ろすのは十分可能だったと断言できます」（ジョン・グリフィン米空軍大尉）

「ヘリから無線で『できる限り低く降りたが、煙と炎がすごくて着陸できない。少し離れたところなら隊員を2人地上に降ろせるから、横田の司令部に許可をもらってくれ』と言ってきたんです。ヘリは梢《こずえ》からわずか15メートル以内のところまで下りていました」（アントヌーチ氏）

当日キャンプ座間を飛び立ったヘリコプターと直接交信したＣ‐１３０輸送機の副操縦士に接触した。

「この件についてカメラでのインタビューは無理なんです。私はまだ軍と深く関わっていますから。でも一つだけ言えることは、あのときヘリは、一刻も早く隊員を降ろそう、生存者がいるか見極めて、どんな救出活動が必要かを判断しようとしていたんです」（当時の米空軍中尉ゲーリー・ブレイ氏）

生存者・落合由美さんは、墜落直後に人の声やヘリコプターの音を聞いたと証言している。

「ヘリコプターの音が……ずっと手を振ってたんですけど、気がついてもらえなかったのか、ここまで来ることができないのか、と思いました」

ヘリは降下していくが、横田基地からは帰還命令が下る。
「私は『なんだって、もう一度言ってくれ』と聞き直しました。横田の司令部はただちに基地へ帰還せよと言うばかりです。私は『ヘリは隊員をロープで下に降ろす準備ができているんだ、準備は万端なんです』と言い返しました。彼らは本気で降りるところだったんです。司令部は『ついに日本側が来るのだ、退去しろ』と命じました」（アントヌーチ氏）
外務省は、在日米軍が日本国内で捜査救難活動を行なうことは安保条約上、なんら違法ではないとの見解を示しているが、アントヌーチ氏らが基地に戻ると、上官からマスコミには何もしゃべるなと口止めされた。
日本の自衛隊は、この一件をどう受け止めているのか。当日、航空自衛隊の前線で総指揮を取っていた元中部航空方面隊司令官・松永貞昭氏に聞いた。
「救助を断られたというのは私も聞いてないしね。だいたいＵＨ－１が現場に向かったっていうことも、その当日は聞いてない」（松永貞昭氏）
航空自衛隊は、米軍ヘリが現場上空にいたほぼ同じ時刻に救難ヘリ（Ｖ－１０７）を発進させている。ならば、日本の自衛隊がヘリからロープで地上に降りることはできなかったのだろうか。

「山の谷間になったようなところにヘリを降ろしていくわけですからね。そういうところでね、しかも真っ暗で、周囲はわからない。だから下が確認できないままロープで降りるったらね、自殺行為です」（松永貞昭氏）

夜間に山岳地帯に降りられるのか。米軍の救難スタッフに聞いた。

「日航機墜落のような大事故が真夜中に発生しても、われわれはすぐ出動します。陸軍のヘリにはサーチライトはもちろん、夜間暗視装置も80年代から標準装備されています。夜間など問題ではありません。急斜面への垂直降下ですか？　救難隊なら誰でもできますよ」（米陸軍准尉エドワード・ガーザー氏）

そして、われわれは、日航機墜落事故を長期にわたり取材してきた軍事評論家・神浦元彰氏と御巣鷹山へ向かった。

急斜面を1時間ほど登ると、若木が茂る御巣鷹山のスゲノ沢へ出る。４人の生存者が救出された場所だ。

米軍ヘリからロープでここに降りられるのだろうか。

「米軍ヘリがちょうど着陸するということは無理なんですね、この地形から見ますと。着陸はできませんけども、50メートルくらいのロープを垂らして、ロープを伝って降りてくるっていう方法はありますね。やはりこの地形から言いますと、稜線が、やはり一つの目標地になりますね。その人たちが、現場で何をするかということになりますよね。彼らは無線機を持っているんですよ。その無線機は、ヘリと交信できるわけですね。たとえば、ヘリにはサーチライトは積んでいますので、正確なピンポイントをヘリに連絡できるわけです。大部隊での救助というのは、やっぱり明るくなるまで待たなきゃ駄目なんですけども、もう4時ごろには明るいんですね。消防団とか、あるいは警察、機動隊、あるいは自衛隊とか、各方面から集中して、救助に入る」(神浦元彰氏)

【テロップ】
——8月12日深夜——
墜落現場の情報 20：00頃 長野県境ぶどう峠付近
墜落現場の情報 22：00頃 長野県境北相木村
墜落現場の情報 (翌日) 1：30頃 長野県南相木村
墜落現場の情報 5：10 群馬県御巣鷹山と確定
墜落現場の情報 8：49 救出開始

捜索隊は苛立つばかりだった。情報が錯綜し、墜落現場さえわからないまま夜は更けていく。翌朝、煙が立ち込める御巣鷹山に空挺部隊がロープを伝って降りたときには、事故からじつに13時間半が経過していた。

その後、自衛隊、警察、消防団による過酷な救出作業が続けられる。しかし、救難活動において、初動の遅れは致命的だ。

防衛庁の見解を聞いてみた。防衛庁は米軍ヘリの存在を認めていない。

アメリカ国防総省は当時の記録がないのでノーコメント。

だが、われわれが当時の在日米軍最高幹部に取材したところ、匿名を条件に、以下の回答を得ることができた。

それは、事故当日、かなり早い段階で、日本の自衛隊が米軍の救難援助を断ったというものだ。

自衛隊が米軍の援助を断る理由はあるのだろうか。

「自衛隊が断ったというより日本政府がそう判断したんだという問題だと思います。ただあの事故の直後に、私は当時の日本政府の中枢にいた人から直接聞いた話なんですが、事故が起きてから約2時間の間、首相官邸のなかで、警察が担当すべきか、防衛庁、あるいは自衛隊が担当すべきかということで、延々と議論が続いていた。これは主導権を巡る話でもあったわけですね。その間に、キャンプ座間のアメリカ陸軍のヘリは、1時間以上前に御巣鷹山の上空にいたわけですから、そこで救助活動が行なわれたりすれば、まったく警察、自衛隊ともに立つ瀬がなかった。

だから断らざるを得なかったというのはごくその意味で自然だったと言っていいと思います」（軍事評論家・小川和久氏）

【スタジオに戻る】
「和田さん、この事故のことはですね、私、非常に生々しく記憶していまして、こういう事実があったんだったら、本当にショックですね」（小宮悦子キャスター）
「そうですね。なんていうのかな、人命を救助するという基本的なところで何かちょっと勘違いがあるんじゃないか。もし仮にこれが正しいとすれば、そういう気がしますね。
それからとにかく主導権争いっていうふうなことがあって、その結果ということであれば、これもじつに重大問題だと思いますね。今のところニュースステーションは、かなり確度の高い証言をアメリカ側から得ているわけですね。しかし、日本側とアメリカ側が言っていることが、多少矛盾するということであれば、当然これは米軍と自衛隊とでなんらかの交信をしているはずですから、その記録は、仮にテープであり、あるいは文書に起こしたものであり、残っているはずですね」（和田俊コメンテーター）

＊

この報道は、私にとってとてつもない衝撃だった。墜落直後に感じた「なぜ墜落現場の特定が大幅に遅れたのか」という疑問に明確な答えを出していたからだ。

米軍も、自衛隊も、政府も墜落直後に現場を特定していたのだ。それどころか、意図的かどうかわからないが、政府は長野県に墜落したというウソの情報をメディアに伝えていたことになる。

さらに驚いたのは、米軍キャンプ座間から救援ヘリを飛ばして、隊員を現地にロープで降ろそうとしたときに、日本政府から救援中止の要請が入ったという事実だ。

墜落直後、４人の生存者のほかに多くの乗客が生きていたことは生存者の証言でわかっている。「幻の米軍による救出作戦」が実行されていれば、多くの人命が救われたことは間違いない。

なぜ日本政府は救援を断ったのか。小川和久氏の言う自衛隊と警察の主導権争いだけで本当に多くの人命を見捨てるようなことが行なわれたのだろうか。

私には、日本政府にもっと深い事情があったとしか思えないのだ。

とはいえ、私はこの「ニュースステーション」の報道がきっかけでメディアの調査報道が深められ、123便墜落の真相に近づいていくのだろうと期待していた。

ところが、メディアの動きは真逆だった。疑惑の追及どころか、どんどん疑惑を封印し、運輸省航空事故調査委員会の報告書が作ったストーリーどおりの記事や番組ばかりが登場するようになった。

最近でも、2023年11月14日に日本テレビ系の「ザ！世界仰天ニュース」のなかで123便墜落の特集が放映された。遺族の行動や心情をドキュメンタリーで描く内容で、多くの視聴者の心を揺さぶる作品となっていたが、墜落に至る経緯はすべて航空事故調査委員会の報告書どおりの内容で、これまで提起されてきた疑惑には一切触れていなかった。

123便の墜落原因に関して調査も報道もしなくなったのは、大手新聞社もまったく同じだ。大手メディアが知らぬふりをするという、ジャニーズ問題やザイム真理教問題とまったく同じ構造が、現在に至るまでずっと継続しているのだ。

『日航123便 墜落の新事実』との出合い

釈然としない気持ちを抱え続ける私に一筋の光が見えてきた。それは2017年7月に青山透子《とうこ》氏が『日航123便 墜落の新事実』（河出書房新社）という本を出版したことだった。

　青山氏は事故当時、日本航空で働いていた客室乗務員で、事故機には彼女が一緒に仕事をしていた同僚たちが乗り込んでいたこともあり、事故の真相を探ろうと、あらゆる文献を収集整理し、目撃者証言を集め、いわば人生をかけた調査に取り組んできた。そして、同書のなかで重大な事実を指摘したのだ。

　あらかじめ断っておくと、123便の墜落事故に関しては、それまでもあらゆる陰謀説が唱えられてきた。しかし、青山氏の論考はそうした根拠不明の陰謀説とは一線を画すものだ。

　青山氏は、日航退職後に東京大学の大学院を出て、博士の学位も取っている。東大を出ているから正しいというのではない。博士論文は厳密な審査が行なわれる。そのため論文には明確な根拠が求められる。憶測で書くことは許されないのだ。その論文作成の姿勢は、この著作でも貫徹されていた。証拠となる文献、そして実名での証言を集めて、青山氏は厳密な論証を行なっているのだ。

　同書のなかで私がまず驚いたことは、墜落直前の123便を2機の自衛隊のファントム機が追尾していたという複数の目撃証言だ。そこには当時の小学生や中学生が事故の状況を綴った文集のなかの証言も含まれる。子どもたちがウソをつくはずがない。

この証言を前提にすれば、自衛隊と日本政府は、当初から墜落現場を完全に把握していたことになる。じつは公式発表でも2機のファントム機が百里基地をスクランブル発進したことになっている。ただ、目撃証言の2機はそれとは明らかに別の航空機だ。公式発表のファントム機は墜落の情報を受けた後、19時5分に百里基地を発進しており、123便を追尾していた2機とはタイミングがまったく合わない。

墜落場所を最初から把握していたにもかかわらず、自衛隊と日本政府は、なぜ墜落場所を公表せず、翌朝まで捜索隊が到着するのを遅らせたのか。それは、証拠隠滅に一定の時間が必要だったからだと思われる。

それでは、消すべき証拠とはいったいなんだったのか。

『日航123便 墜落の新事実』には、そのほかにも重要な指摘がいくつもあるのだが、それはおいおい紹介するとして、私はこの本をできるだけ多くの人に読んでほしいと考えた。そこで大手新聞社系の雑誌に書評を書くことにした。

私の書評は、新事実が示す事態の深刻さに加えて、この本が論文並みの厳密さを持っていて、陰謀説ではけっしてないということだった。

担当編集者のチェックが無事終わり、印刷所に原稿を入れる最終締め切りの午後8時すぎだったと思う。名古屋に向かう新幹線の車内で私の携帯が鳴った。デッキで電話に出ると、書評原稿を出した編集部のデスクだった。

「森永さん、原稿のなかで、著者の青山さんは東大の大学院で、博士論文も書いていると主張していますよね。その裏は取りましたか？」

「書籍の奥付に書いてあったと思いますよ。でも、なぜそんなことを聞くんですか？」

「じつは、こちらで論文検索をかけたんですが、青山透子という人の論文が出てこないんですよ」

「そんなの当然じゃないですか。青山透子というのはペンネームですよ。ペンネームで論文を提出する人なんていませんよ」

「森永さんは論文を読んでいないということですよね。だったら、こうした記述は掲載できないんです」

私は焦って青山透子氏に連絡を取ろうとしたが、彼女の電話番号を知らない。唯一知っていたメールアドレスに送信をしたのだが、もう時間も遅く、青山氏からの返信はない。そこで同書の出版元・河出書房新社にも電話をかけたが、遅い時間でこちらもつながらない。私は追い詰められた。このまま私が書評原稿の修正を拒否すれば、私の書評欄は白紙で印刷されることになってしまう。

名古屋駅に着く直前に、私は編集部が用意した、大事な部分を丸ごと削除した書評原稿に同意するしかなかった。翌朝、青山氏と連絡がつき、正式に東京大学大学院新領域創成科学研究科に所属したことと論文タイトルもうかがったが、あとの祭りであった。

それから数年後、今度は大手新聞から、今までで一番感動した書籍の書評を書いてくれという依頼があった。私は「『日航123便 墜落の新事実』でいいですね」と何度も確認をし、担当編集者は大丈夫だと断言した。

ところが、数日経って編集者から連絡が来た。この書評欄は評者が一度しか書けないルールになっていて、私は以前書いたことがあるため、掲載はできないと言う。そんなことは依頼するときにわかっていたはずだが……。つまり、「書いてはいけない」のだと私はあきらめた。

タブロイド紙や雑誌は私の書評を掲載してくれた。つまり、『日航123便 墜落の新事実』の書評が書けないのは大手新聞社系だけなのだ。

じつは書評と同時に、私は当時関わっていたテレビ番組やラジオ番組のディレクターに日航123便の疑惑を指摘する特集を組んでほしいとお願いした。当時の私は、かなりの数のテレビやラジオのレギュラーを持っていたが、私の要請はすべて拒否された。

私の提案は、墜落原因を断定するのではなく、証拠に基づいてこうした疑念があるという報道をしましょうというものだった。それでもダメなのだ。

あるラジオ番組では放送直前まで行ったことが一度だけあった。
ところが、放送直前にどこからかわからない圧力がかかり、放送は取りやめになった。

圧力隔壁説のデタラメ

運輸省航空事故調査委員会の報告書は、墜落原因を後部圧力隔壁の損壊に求めている。123便は墜落の7年前に大阪・伊丹空港で尻もち事故を起こしていて、その際に破損した機体後部の圧力隔壁をボーイング社が修理している。

航空機は気圧の低い上空を飛ぶときには、客室内に与圧をする。そうしないと乗客や乗員がふつうに息をすることができないからだ。その与圧を受け止め、空気が外に漏れていかないようにするのが巨大なお椀のような形をした圧力隔壁だ。

123便の航空機は、尻もち事故で損傷を受けた圧力隔壁の下半分を新品と交換し、上半分との間を補強のための金属板（ダブラープレート）でつなぎ合わせる形で修理した。その際のリベット打ちがマニュアルに定められた本来のやり方ではなく、十分な強度を得られない方法で行なわれた。そのため飛行が繰り返されるたびに金属疲労が蓄積して、日航123便が羽田空港を離陸してからわずか12分後、伊豆半島上空でついに損壊した。そして、内部から噴き出した空気の圧力で尾翼の一部と油圧装置を吹き飛ばした――これが航空事故調査委員会が示した事故原因だ。

ただ、航空事故調査委員会が打ち出したこの説明は相当無理がある。

第一に、圧力隔壁の破断が起きたとき、123便は高度7300メートルを飛んでいた。もし、そこで尾翼が吹き飛ばされるほどの勢いで機内の空気が噴き出せば、客室内の人も荷物も無事ではいられない。

生存者の証言によると、機内に白い霧のようなものが発生したとされており、減圧が起きたこと自体は事実だが、機内の荷物などが片っ端から吹き飛ぶようなことは起きていない。乗客が撮影した機内の写真を見ても、酸素マスクが落下するなかで、半そで姿の乗客が落ち着いて行動している。

それどころか、コックピット・ボイスレコーダーの記録によれば、機長も副操縦士も航空機関士も、酸素マスクを着けずにふつうに会話を続けている。エベレストの標高は8848メートル。123便が飛んでいた高度7300メートルはそれに近い高度であり、酸素マスクを着けずに会話を続けられたというのは明らかにおかしい。

また、生存者は急減圧による耳鼻咽頭へのダメージを受けていない。それは生存者の落合由美さんが事故後のインタビューでふつうに会話できていることからもわかる。さらに墜落のすぐ後、8月23日に、現場に足を運んでいた運輸省の調査官が「隔壁に大穴はなかった」と発言している。

第二に、尾翼の一部を除いて、１２３便の機体が無事だったということだ。尻もち事故の修理ミスという点では、同じような事故が２００２年5月25日に起きている。台湾の中正国際空港から香港・国際空港へ向かっていたチャイナエアライン６１１便（ボーイング７４７型機）が、高度１万１０００メートルを巡航中、突然墜落し、乗客乗員２２５人全員が死亡した事故だ。

事故機は、１９８０年2月7日に香港・啓徳空港に着陸する際、機体後部を地上に接触する尻もち事故を起こした。その修理の際、ボーイング社の修理マニュアルに従わない不完全な方法で修理が行なわれたため、飛行を繰り返すたびに疲労亀裂が広がっていき、機体後部が破断したのだ。このときは、機体が４つに空中分解して、海上へと墜落していった。高い高度で機体に穴が開くというのは、そういう結果をもたらすのだ。

第三の決定的な疑問は「異常外力」の存在だ。もともと１９８７年に発表された航空事故調査委員会の報告書には以下の記述があった。

（イ）異常外力がないと仮定した場合の検討

操縦桿の操査量、EPR（エンジンの出力）のDFDR記録どおりに昇降舵角、推力が発生していたと仮定して機体の運動を計算すると、異常事態発生前にはDFDR記録値とよく一致しているが、18時24分35秒以後の高度、速度、迎角、ピッチ角の計算値は、記録値との間に大きな不一致が生じ始める。このことから異常外力が発生したと考えなければ、DFDR記録値の説明ができないことがわかった。

（ウ）異常事態発生時に噴流や外形変化によって生じた外力の推定

DFDRの記録を再現するように異常外力を仮定して機体の応答（速度、高度、加速度、姿勢等の変化）を数値解析した結果は、18時24分35・60秒ごろより始まる前向きの異常外力（最大値約11トン）及び36・60秒にピークをもつ下向きの異常外力が必要なことが数値計算からわかった。

なお、横向きの異常外力については、DFDR記録からは推定できなかった。

【筆者注】DFDR＝デジタル・フライト・データ・レコーダー：デジタル飛行データ記録装置のこと。

つまり、航空事故調査報告書自体が、尾翼に後ろから何かが追突して、それが尾翼の破壊につながった可能性が高いことを認めていたのだ。

そして、青山透子氏は２０２０年7月に出版した著書『日航１２３便墜落 圧力隔壁説をくつがえす』（河出書房新社）のなかで、航空事故調査報告書の別冊に重要なデータを発見したことを明らかにした。

この別冊とは、２０１３年2月に運輸安全委員会のホームページに突然アップされたものだ。航空事故調査委員会の報告書が発表されたのが１９８７年だから、26年も経ってから別冊が公表されたことになる。そして、この別冊には、「異常外力の着力点」が図示されているのだ（次ページ参照）。

図の黒丸のところに、なんらかの飛翔体が衝突し、それが原因で尾翼後部の大部分が吹き飛び、油圧系統を破壊した。そして、この尾翼の破壊によって、与圧された機内の空気が緩やかに噴出した。そう考えれば、すべての辻褄が合うのだ。

それでも、政府は一貫して圧力隔壁破断説を譲らない。

しかし、ボーイング社の修理ミスによって圧力隔壁が損壊して、それが５２０人の命を奪ったのだとしたら、ボーイング社もそして修理ミスを見逃した日本航空も刑事責任を問

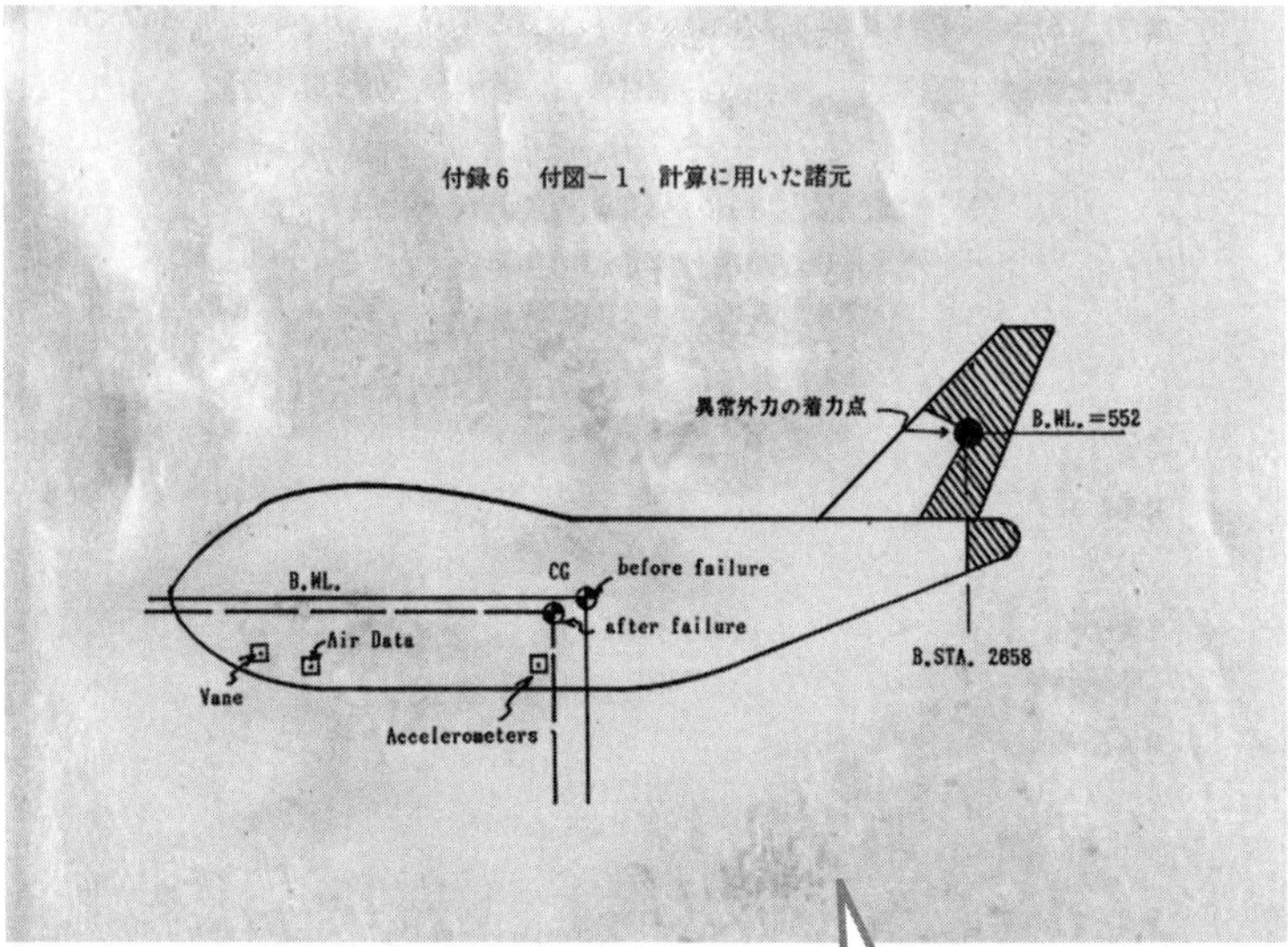

別　冊

航空事故調査報告書付録

（JA8119に関する試験研究資料）

運輸省航空事故調査委員会

運輸省航空事故調査委員会作成の「航空事故調査報告書付録（JA8119に関する試験研究資料）」の116ページに掲載されている図。

【同資料は下記のアドレスからダウンロード可能】
https://www.mlit.go.jp/jtsb/aircraft/download/62-2-JA8119-huroku.pdf

われるべきだ。

実際、１９８８年12月に、群馬県警はボーイングの修理担当者を特定できないまま、ボーイング社４名、日本航空12名、運輸省４名の合計20名を業務上過失致死傷容疑で書類送検した。しかし、翌１９８９年11月に前橋地検は、全員を「嫌疑不十分」として不起訴処分とした。ボーイング社の修理担当の聴取ができなかったことが原因だとされている。

刑事責任が問われないなか、民事面では日本航空とボーイング社は修理ミスの責任を認め、遺族に対して補償を行なっている。補償金の額についてはおそらく和解条項のなかに「口外しない」という条件が入っていたのだろう、正式には一切明らかになっていない。ただ、補償交渉が長期化しなかったことを考えると、相当大きな金額が支払われた可能性が高いだろう。

この構造は、前述した財務省の公文書改ざん事件とそっくりだ。

財務省の佐川元理財局長から公文書改ざんを命じられ、それを苦にした近畿財務局の赤木俊夫氏が自殺した事件で、佐川元理財局長は刑事責任を一切問われなかった。その一方で、赤木氏の妻の赤木雅子氏が国を訴えた民事訴訟では、国は１億円の請求を全面的に認めて裁判を終結させる「認諾」という手法を取って、裁判を強引に終結させたのだ。

非炸薬ミサイルか、無人標的機か

それでは、尾翼に衝突したものはなんなのか。

『日航123便 墜落の新事実』によると、123便の乗客が窓の外を撮った写真を解析したところ、オレンジ色の飛翔体が123便に向かって飛んできていることがわかったという。それは地上からも目撃されている。

青山氏は、この飛翔体について、当時開発中だった陸上自衛隊のSSM－1（88式地対艦誘導弾）である可能性を示している。つまりミサイルだ。もちろん開発中だったから、爆薬は搭載されていない非炸薬のミサイルだ。このSSM－1は、ツートンカラーで、オレンジ色と濃い黄色で塗り分けられていて、目撃証言とも一致する。

『日航123便墜落 遺物は真相を語る』（河出書房新社）で、青山氏は次のような推論を示している。

国産巡航ミサイルの洋上飛行実験中に突発的事故が起きて、日航123便の飛行中、伊豆稲取沖で垂直尾翼周辺に異変を発生させた。即座にファントム二機が追尾してその状況を確認した。自衛隊はそのミスを隠すために一晩中墜落場所不明としていた、と考えると筋が通る。

一方、123便の遺族の一人で、事件の解明に取り組んできた小田周二氏は著書『永遠に許されざる者』（文芸社）のなかで、次のように述べている。

航空自衛隊百里基地の稲吉司令官は、戦時中の軍隊で同期だった友人（岩田祐次郎氏、青島海軍航空隊吉津会会員）に電話でこう語っている。

「えらいことをした。標的機を民間機（日航機）に当ててしまった。今、百里基地から偵察機（F4E改造機）2機（式地豊二尉ほか）に追尾させているところだ」。（中略）

この標的機は、金属のワイヤーの曳航索で標的である「吹き流し」部を引っ張る。曳航索は通常3000ｍもの長さになると言われる。それは、機体と標的（吹き流し）の距離をあけることにより、重要な機体部分の誤射を防ぐという配慮である。

最後部の標的は「吹き流し」とも言われる。鯉のぼりの上に取り付けられる「吹き流し」と構造は同じで、先端部の丸い円環から空気が入って円筒状になった中を高速で流れていく。先端の円環部は直径約3ｍで、長さは10ｍである。訓練で攻撃する側からの視認を容易にするために、この吹き流しもまた赤、オレンジ色に塗装されている。

非炸薬のミサイルも、無人標的機も、その色は目撃情報と合致する。私は軍事の専門家ではないので、123便の尾翼に衝突したのが非炸薬のミサイルなのか、無人標的機なのかは、正直言って、よくわからない。ただ、そのこと自体は大きな問題ではない。意図的であるかどうかは別にして、自衛隊が民間機に「攻撃」を加えてしまったこと自体が大問題だったのだ。

もう一つ、飛翔体の尾翼への衝突に関しては、123便の高濱雅己《まさみ》機長が「何が起きたのかを知っていたのではないか」という疑惑がある。

高濱機長は、伊豆上空で爆発音を聞いたわずか3秒後に「スコーク7700」を発信している。「スコーク7700」というのは、航空機に設置されているトランスポンダ（飛行機の位置などを識別するための電波の発信装置）を通じて、緊急事態の発生を知らせることだ。

通常であれば、爆発音を聞いてから、原因を調べ、それが深刻な事態であることを認識してから発信するのだが、それを瞬時に発信したということは、高濱機長は自衛隊が123便になんらかのアクションをしてくることをあらかじめ知っていたのではないか。自衛隊出身のパイロットである高濱機長は、非常にまずい事態が起きたことを瞬時に理解していた可能性もあるのだ。

幻に終わった横田基地への緊急着陸

当日の18時24分35秒に機体後部で爆発が起きた直後、日本航空123便は東京管制区管制所に緊急事態発生を宣言し、羽田空港に戻ることを要請した。東京管制区管制所は了承し、右旋回をして羽田方向に進路を取るよう123便に伝えた。しかし、油圧系統は破壊されたため、自由な操縦が不可能になり、123便が右旋回をして羽田空港に向けた進路を取ったのは、爆発から6分後、静岡県の焼津をすぎたあたりだった。

油圧装置を失った123便は操縦不能に陥り、その後、迷走を続けたことになっている。とくに迷走を印象付けたのが、山梨県大月市上空の急旋回だ。私も当初は、これはコントロールを失った末の迷走だと考えていた。

しかし、油圧系統を失った後でも、左右ごとにエンジン出力を変え、フラップや車輪を手動で操作することで、かなりの程度、機体のコントロールができることがフライトシミュレーターによる実験で、のちにわかっている。高濱機長は、その技を危機のなかで体得したのではないか。そこで当初、羽田空港への着陸を目指していた１２３便は、その後、米軍横田基地に着陸目標の空港を変更したのではないかと私は推測している。

というのも、実際、事故当時の報道からも、１２３便が横田基地への着陸を目指していたことがわかるのだ。１９８５年８月13日付のブラジルの邦字新聞「パウリスタ新聞」には、「時事至急電」として次のような記事が掲載されている。

「運輸省によると、墜落したボーイング７４７機は、同日午後六時三十一分頃、後部のドアがこわれたため近くの横田米軍基地（東京）へ緊急着陸するとの通信を送ってきたあと午後六時五十九分にレーダーの視界からきえた」

横田基地の職員による証言もある。１９８５年８月12日付のノースカロライナ州の新聞「The Dispatch」は、次のような記事を配信している。

TOKYO　By RICHARD PYLE　Associated Press Writer

U.S. officials at Yokota Air Base, an American base about 21 miles west of Tokyo, said the pilot asked and received permission to make an emergency landing.

得たという。

《抄訳》東京　リチャード・パイル　ＡＰ通信記者
米空軍横田基地の複数の米職員によると、パイロットは緊急着陸許可を要求し、許可を得たという。

横田基地への着陸を目指したことは航空事故調査委員会も米軍も認めている。実際、米軍横田基地は緊急着陸の受け入れ態勢を整えていた。

しかし、高濱機長が横田着陸を決断したとき、横田基地はすでに目の前に迫っていて、そのままでは高度が高すぎた。そのため、大月市上空で旋回しながら、高度調整のための急降下をしたのではないだろうか。そう思って飛行経路を再確認すると、じつに合理的に、安定して高度を下げているのだ。

旋回前の高度は、２万２４００フィート（６８２８メートル）から、旋回直後の高度は１万３５００フィート（４１１５メートル）に下がり、その後も高度を下げていっている。

そして、その目の前には米軍の横田基地があったのだ。そのまま滑走路に進入すれば、無事着陸して、乗客乗員が全員助かった可能性は極めて高かっただろう。

ところが、横田基地を目前にして、１２３便は突然進路を変え、北方向に向かったのだ。

この進路変更は明らかにおかしい。もし、なんらかの事情で横田基地に着陸できなかっ

日航123便の飛行経路

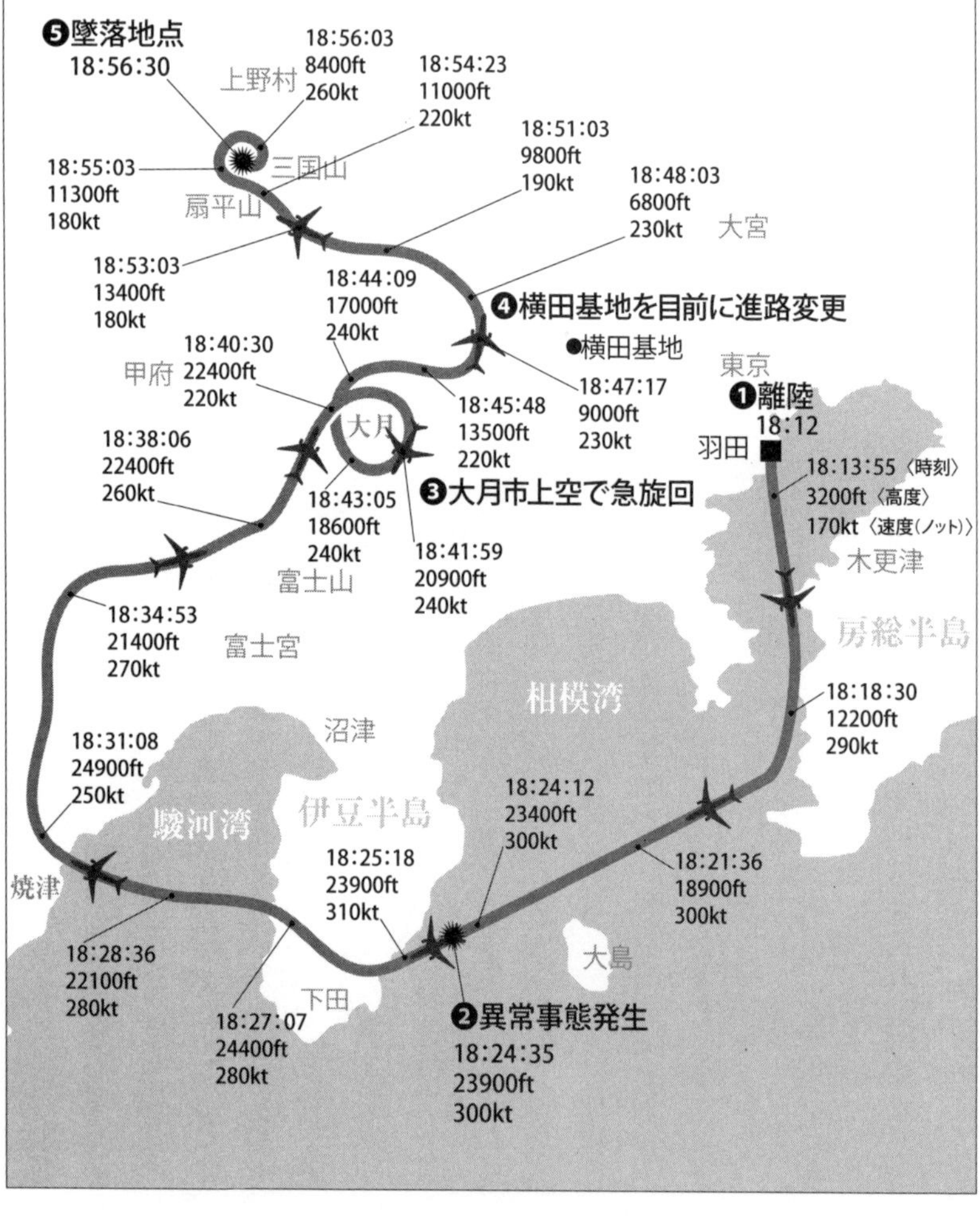

❺墜落地点
18:56:30
18:56:03
8400ft
260kt
18:54:23
11000ft
220kt
18:51:03
9800ft
190kt
18:48:03
6800ft
230kt
18:55:03
11300ft
180kt
18:53:03
13400ft
180kt
18:44:09
17000ft
240kt
❹横田基地を目前に進路変更
横田基地
18:40:30
22400ft
220kt
18:45:48
13500ft
220kt
18:47:17
9000ft
230kt
❶離陸
18:12
18:38:06
22400ft
260kt
18:43:05
18600ft
240kt
❸大月市上空で急旋回
18:13:55〈時刻〉
3200ft〈高度〉
170kt〈速度(ノット)〉
18:41:59
20900ft
240kt
18:34:53
21400ft
270kt
18:18:30
12200ft
290kt
18:31:08
24900ft
250kt
18:24:12
23400ft
300kt
18:21:36
18900ft
300kt
18:25:18
23900ft
310kt
18:28:36
22100ft
280kt
18:27:07
24400ft
280kt
❷異常事態発生
18:24:35
23900ft
300kt
上野村
三国山
扇平山
大宮
甲府
東京
羽田
大月
木更津
富士山
房総半島
富士宮
相模湾
沼津
駿河湾
伊豆半島
焼津
大島
下田

たとしても、進路を海側、つまり南側にとるべきだ。そうすれば海上に不時着できるから、生存の可能性が高まる。それをわざわざ山側、北側に進路を変えた。２０２３年11月14日放送の「ザ！世界仰天ニュース」でも、この進路変更は「原因不明」だとしている。

何が起きたのか。ヒントはある。

横田基地への着陸を試みていた18時46分16秒と21秒の2回、高濱機長の「このままでお願いします」という懇願の言葉がボイスレコーダーに記録されている。そして高濱機長は、そのわずか12秒後の18時46分33秒に、「これはダメかもわからんね」という発言をしている。その直後に１２３便は北に進路を変えているのだ。

「このままでお願いします」という高濱機長の発言は誰に向けられたものなのか。ボイスレコーダーの記録が改ざんされている可能性が高いので、正確なことはわからないが、航空無線は、東京管制区管制所だけでなく、周辺を飛ぶ航空機、そして日本航空本社とも通信ができる。たとえば、１２３便を追尾していた自衛隊のファントム機から「横田基地への着陸は許さない」という指令が出たのかもしれないし、日本航空本社から、あるいはその背後にいた日本政府から着陸禁止命令が出されたのかもしれない。

もし、１２３便が無事に着陸したら、本当は何が起きたのか、完全にわかってしまうからだ。

日航123便が墜落した1985年8月、私は総理府の外局である経済企画庁総合計画局で働いていた。経済企画庁というのは、調整官庁で、自らなんかの所管事業を持って行政をするというよりも、霞が関のさまざまな官庁の政策調整をするのが仕事だ。だから、私が所属していた総合計画局には、農林班・労働班・社会資本班といったように主要官庁に対応した班が置かれ、そこに農水省・労働省・建設省といった行政を直接所管する省庁から出向者がやってきていた。そして、本来は通産省の事業を担当する産業班が、防衛問題の担当を兼務していたのだ。

国会の開会期間中、官僚の仕事の半分以上が国会答弁を書くことになる。とくに経済企画庁は総理府の外局だったから、総理答弁の作成が回ってくる。当時、産業班は、毎日深夜まで答弁作成に追われていた。防衛力強化を目指す中曾根総理に、公約である「防衛費の対GNP比1%以内」との整合性を問う質問が次々に浴びせられたからだ。「産業班はもはや防衛班だね」と周囲から囃されるほど、彼らは防衛問題に特化していた。

災害派遣での活躍や安全保障環境の緊迫化で、今では自衛隊に対する国民の理解はずいぶん深まったが、当時はまだ自衛隊に向けられる国民の視線は厳しかった。とくに野党のなかには「非武装中立」という安全保障観が根強く残っていた時代だ。

もし自衛隊が民間機を攻撃したなどということが明らかになったら、内閣が吹き飛んでしまうくらいの時代だったのだ。

１２３便の最後、驚くべき推測

横田基地への着陸を断念し、北に向かった１２３便が最後の不時着のチャンスを見出したのが、長野県川上村のレタス畑だったとされている。川上村の住民が石を投げたら当たるほどの超低空で飛行する１２３便を目撃しているからだ。ただし、公式発表された飛行経路で１２３便は、横田基地への着陸をあきらめた後、墜落地点の群馬県上野村の御巣鷹の尾根までほぼ一直線で飛行している。川上村への飛行はなかったことになっているのだ。山間地に入ったところで機体がレーダーから消えたことも原因かもしれないが、フライトレコーダーには、飛行経路を計算できるデータが記録されているのだから、おそらく航空事故調査委員会が飛行経路を改ざんしたのだろう。

それでは、レタス畑で何が起きたのか。『５２４人の命乞い』（小田周二著、文芸社）には次のように書かれている。

甲武信ヶ岳を越えて長野県側に入ると、空からは傾斜地が川上村梓山地区へと続き、その先に広大な畑地が広がっているのが見えるはずだ。梓山地区のレタス畑は西北西方向に延びる長さ約2㎞、幅およそ600ｍの細長い平地だ。そのはるか先の突き当たりに扇平山がそびえているものの、畑地そのものはほぼ平坦。もしも胴体着陸を試みることができるなら、畑の柔らかい土とじゅうたんのように生い茂るレタスは機体が受ける衝撃をやわらげてくれるかもしれない。一般論として言えば、山岳地帯の一角に唐突に開けた広大で平坦な高原は、不時着を試みるのに望みの持てる場所に思える。

だが、この時の123便にとって、ここは「安全な着陸」はもちろん、不時着を試みるにも過酷な場所と言わざるを得なかった。すでに出してしまったギアは油圧装置が使えないから再格納できない。柔らかな畑地を約360トンの機体がギアで滑走すれば機体はつんのめり、姿勢を崩して回転、横転し破壊され、墜落と同じ事態が起きる可能性が高い。畑地の傾斜や無数の小さな起伏の一つ一つも、機体の姿勢を崩す落とし穴だ。しかもこの平地には千曲川源流が走り、川沿いの一角には民家が集まる。それを避けて不時着するにはどの方向で進入し、どのタイミングで機体を接地させればいいのか。滑走路のような進入の目印は何一つないから、すべてはクルーが目視で判断しなければならない。機体からレタス畑の全体を眺められるのは甲武信ヶ岳を越えてからであり、見極めの時間は限られている。着陸操作が一瞬でも遅れたり進入方向を誤ったりすれば、平地突き当たりの扇平山に衝突する危険が待ち受けている。……と、こんな具合に悪条件ならいくらでも並べられる。はっきり言えば川上村への不時着は、相当数のけが人、場合によっては犠牲者が出ることまでも覚悟しなければならない危険な挑戦だった。

だが、今や機長の選択肢は限られている。はるかに安全に着陸できた横田基地への進入を自衛隊機によって阻止された時から、５２４名の命は無傷で助かる可能性を限りなく狭められているのだ。それでも一人でも多くの命を救うという使命に照らせば、死傷者を出すリスクを背負ってでも１２３便は不時着に挑むしかなかった。危険を覚悟で不時着しない限り、全員の墜落死という最悪の事態が待ち構えているだけだ。

ここに降りるしかない。「石を投げればぶつかるほど」の超低空まで降下した黒い機影は、不時着を決意した高濱機長の悲壮な決死の覚悟の輪郭だった。

青山透子氏の著作が、厳密な証拠や証言の裏付けの取れたものだけで描く「論文」であるのに対して、小田周二氏の著作は、著者の推測を含めて描く「ノンフィクション」だ。

ただ、その推測は合理的なものなので、私はここに書かれていることはほぼ真実だと考えている。

結果的には、123便はレタス畑への不時着を断念し、急上昇して、山あいを抜け、上野村のほうに向かっていった。

不時着断念の理由について小田氏は、レタス畑に集まっていた農民を巻き込まないためだっただろうという推測を述べている。それが真実かどうかは、乗員全員が命を落としているので、完全な証明は不可能だろう。

ただ、小田氏が提示した123便の最後にはさらに驚くべき推測が書かれている。墜落の直前、123便の右側第4エンジンが自衛隊機のミサイル攻撃を受けて、それが直接の墜落原因になったというのだ。再び『524人の命乞い』の記述だ（傍点は原文のママ）。

直前まで123便は行く手を阻む山々を猛然と乗り越え、さらに山岳地帯の上空を飛ぶ高度を確保したばかりだ。機体尾部を破壊されてからこの時まで4基のエンジン系統には何ら異常がなく、だからこそクルーもエンジン推力を調整することで30分間にもわたって操縦してこられた。それを考えれば、突然発生した異常事態の原因をエンジントラブルに求めることには無理がある。では、異常の原因はどこからやってきたのだろうか。その謎を解く上で、見逃すことができない一つの目撃情報がある。

「飛行機が飛んで行った後から、流れ星のようなものが飛んで行くのが見えた」（『読売新聞』8月13日掲載の長野県南佐久郡南相木村の住民3名による目撃情報）。

飛行機を流れ星のようなものが追いかけ、やがてその飛行機は炎や煙を噴きながら墜落して炎上した。だとするなら、私たちが追いかけなければならないのは、その「流れ星」の正体である。（中略）

川上村のレタス畑への不時着をぎりぎりのところで断念した１２３便が、立ちふさがる山々を懸命に乗り越えて上昇に成功した。事態の成り行きを背後で見続けている自衛隊にとって、それは誤算だったかもしれない。不時着失敗による大破炎上も起きなければ、緊急復航の失敗で山に激突することもなかった。操縦性を制約されながら、

１２３便は驚異的な粘りを見せて再び高空に駆け上がっているではないか。

この機の墜落四散を願う彼らとしては、もはや手をこまぬいて見ているわけにはいかなかった。彼らは考えただろう。今、１２３便は、平野部に比べればはるかに目撃者の少ない急峻な山岳地帯に入り込んでいる。この機を逃すわけにはいかない。そう考えた自衛隊幹部の間で「撃墜」が決断決行された。

問題はその方法だった。123便の撃墜には、それなりの工夫が必要な事情がある。戦闘機が民間機を撃墜すること自体は、技術的に難しいことではない。接近してミサイルを撃てば、ほぼ確実に命中させることはできる。機体はその場で爆発四散し、一人の生存者も出ないだろう。

自衛隊機が民間機をミサイルで撃墜した。多くの国民にとって、それは信じがたい話だろう。

ただ、第4エンジンに関しては、当初から大きな疑問が呈されていた。それは、墜落現場で第4エンジンだけが主翼から外れ、粉々になって、広範囲に散乱していたからだ。

なぜそんなことが起きたのか。一部には、墜落の直前に第4エンジンが木立に衝突して、脱落、散乱したという見立てもある。しかし、そんなことは物理的にありえない。7トンもある頑丈なエンジンが、柔らかい木立に衝突して、粉々になるなどということが起きるはずがないからだ。この点からも、ミサイル撃墜説は合理的な推測とも言えるのである。

特殊部隊が現場を焼き払った

それでは、123便の墜落から、墜落現場が公式に明らかになった翌朝まで、現場では何が起きていたのか。

青山透子氏の『日航123便墜落 遺物は真相を語る』で明らかになった一番衝撃的な事実がその部分だった。この本に掲載された証言によると、現場にはガソリンとタールをまぜたような強い異臭がしていたそうだ。また、現場の遺体は、通常の航空機事故ではありえないほど完全に炭化したものが多かったという。実際に遺体の写真を見ると、まるでバーベキューに使う木炭のようにカリカリの状態になっている。

青山透子氏はその点に疑問を抱いた。航空機が使うジェット燃料の主成分は、ケロシンといって灯油に近いものだ。航空機で一番怖いのは火災を起こすことなので、ガソリンのような揮発性の高い燃料ではなく、穏やかに燃える火力の弱い燃料を使うのだ。墜落の衝撃で燃料をかぶったとしても、そんな火力の燃料で完全炭化など起きるのか。ましてや8月の群馬の山中の土は湿っている。その地面に接していた面も含めて、完全炭化など起きるはずがない。検死を担当した医師は、遺体の状況について「まるで二度焼きしたようだ」と言ったという。

そこで考えなければならないのが、「ガソリンとタールをまぜたような強い異臭」だ。自衛隊を含む軍隊が使う火炎放射機は、ガソリンとタールを混合したゲル状燃料を使用している。つまり、墜落から翌朝までの間に、何者かが証拠隠滅のために火炎放射機を使って、証拠や証人を焼き尽くしたのではないかという疑念が生まれるのだ。

そんなことをすれば、4人の生存者が目撃するはずだと思う方もいるだろう。だが、生存者はすべて機体後部に座っていた乗客で、この部分は前部や中部とは分離してスゲノ沢を滑り落ちている。つまり、生き残った4名は墜落現場から少し離れたところにある残骸のなかにいたのだ（墜落の翌朝、地元の消防団がスゲノ沢に入り、4人を発見）。

青山透子氏が提示したこの疑念は、あまりに衝撃的だったため、さまざまな批判や非難を呼んだ。「根拠のない陰謀説をまき散らしている」というものから、「青山透子という人物はこの世に存在しない」というものまであった。ちなみに、私は青山透子氏と早稲田大学のシンポジウムでお会いしたことがあるので、この世に存在することは間違いない。穏やかで、上品だが、はっきりとした意見を述べる素晴らしい女性だった。

その青山透子氏は、世間の批判に対して驚くべき行動に出た。詳しくは『日航123便墜落　遺物は真相を語る』に書かれているのだが、群馬県上野村が保管していた日航123便の遺物の化学成分分析を行なったのだ。遺物とは、墜落時の火災に巻き込まれて、ドロドロに溶けた機体が固まったとみられるものだ。

すると、その遺物からベンゼンが検出された。航空燃料にはベンゼンは含まれていない。

一方、ガソリンには含まれている。さらに硫黄濃度など、さまざまな観点から、遺物を溶かしたのは、航空燃料ではなく、火炎放射機の燃料であることを科学的に立証したのだ。特殊部隊が証拠や証人をすべて焼き払う。そのためには一定の時間が必要になる。それが「墜落現場が特定できない」とウソをつき、メディアを混乱させた理由だったのだろう。

ちなみに、火炎放射機を使って現場を焼き払ったのは、一般の自衛隊員ではない。私は、急遽召集されて、現場近くに向かった自衛隊員の話を直接聞いたこともあるが、夜間に召集されたものの「墜落現場が特定できていない」という理由で、現場近くでずっと待機させられていたという。

現場を焼き払ったのは特殊部隊の仕業ではないだろうか。だから、現場の情報が一切、外に漏れることがなかったのだ。

正否を検証するたった一つの方法

ここまで述べてきた日航123便の事件の見立ては、私自身の推測も含まれている。私自身は9割方は正しいと信じているが、読者のなかでも受け止め方はさまざまだろう。「尾翼になんらかの飛翔体がぶつかったことが墜落の要因となった」までは理解しても、

「自衛隊機のミサイル攻撃が墜落原因」までは信じられないという人もいるだろうし、すべて「陰謀論」だと切って捨てる人がいるかもしれない。

だが、じつはこの見立ての大部分はたった一つのことで正否が検証できるのだ。それはブラックボックスの生データを公開することだ。

航空機は、ブラックボックスと言われる耐熱性の高い箱のなかに、コックピット・ボイスレコーダーとフライトレコーダーを格納して、機内に搭載している。

その生データは、現在、日本航空が保管しているのだが、いまだに公開されていない。本章の冒頭に紹介した遺族による公開請求でも、日本航空は一貫して情報開示を拒否している。

なぜ、拒否をするのか。私は、公開されているデータが改ざんされている可能性が高いからだと考えている。たとえば、テレビ番組やネット番組でしばしば使用されているコックピット・ボイスレコーダーの音声データは、「善意の第三者」が、大手テレビ局各社に情報公開を願って提供したカセットテープに収録されたものだ。ただ、その「善意の第三者」が誰なのかは明らかになっていないし、マスコミを攪乱するために、改ざんしたり、重要な部分を隠したりしている可能性も高い。

フライトレコーダーも状況はまったく同じだ。フライトレコーダーの生データがあれば、墜落までの完全な経路がわかるし、パイロットがどのような操縦をしていたのか、機体がどのような挙動を示していたのか、すべてがわかる。

だから、ブラックボックスの生データの情報公開は、日航１２３便の事件解明のために最大のカギになるのだが、日本航空も裁判所も情報公開に後ろ向きだ。

そして、一番の問題はマスメディアだと私は考えている。国家的な大問題だというのに、日本航空に対する情報開示請求裁判を報じているのは、地元・群馬県の上毛新聞だけで大手のマスコミは完全無視なのだ。

その構造は、これまで述べてきたように、ジャニー喜多川氏の性加害問題や「ザイム真理教」の問題にも共通している。クサいもの、危なそうなもの、見たくないものにはフタをしてしまうのだ。

私は今後の日本にとって、日航１２３便の事件の真相解明こそ最優先で取り組むべき課題だと考えている。

なぜなら、１２３便の事件の前後で日本を取り巻く風景が一変してしまうほど、この事件が大きな影響を与え続けているからだ。

この点については次章で詳しく論じていくことにしよう。

第4章

日本経済墜落の真相

日本経済集団リンチ事件

第3章で、日本航空123便の墜落事件を取り上げたのは、この事件をきっかけに、日本経済を取り巻く「潮目」が大きく変わったからだ。

太平洋戦争の敗戦で焼け野原と化した日本は、GHQの支配下に置かれ、主権を失った。すべての政策はGHQ（実質的にアメリカ）の判断を仰がないと決められない「占領下」に置かれたのだ。

しかし、日本人のたゆまぬ努力の積み重ねによって、奇跡と呼ばれた高度経済成長を通じて、日本は世界でのプレゼンスを高めていた。ジャパンマネーが世界中の資産を買いあさり、1980年代後半には、東京の山手線の内側の土地だけでアメリカ全土が買えると言われた。日本経済は世界一の地位にまでのぼり詰めたのだ。

外交面でも1951年9月8日に連合国諸国と日本との間でサンフランシスコ平和条約が締結され、日本は占領状態から脱却し、形式的に主権が認められるようになった。主権というのは、自分の国の政策を自分で決められる権利のことだ。

そして、1975年11月にフランスのランブイエで開催された第1回主要国首脳会議

(通称ランブイエ・サミット)で、日本はアメリカ、イギリス、西ドイツ、フランス、イタリアとともにG6の一員として参加することになった。日本は、世界のトップ6の仲間入りをしたのだ。私も含めて、誰もが日本は完全に主権を取り戻した、少なくとももうすぐそうなると考えていた。

ところが、1985年8月の日本航空123便の墜落事件の後、時計が突然逆回転を始めた。戦後40年かけて築き上げた日本の主権が音を立てて崩れ落ちていくことになる。

日航123便の墜落からわずか41日後の1985年9月22日、先進5カ国の大蔵大臣、中央銀行総裁がニューヨークのプラザホテルに集結した。

この場で「プラザ合意」と呼ばれる日本経済にとって致命的な決定がなされた。表面上は、為替を安定させるという合意だったが、実態は、各国の協調介入によって、急激な円高をもたらすものだった。

実際、プラザ合意直前まで、1ドル＝240円台だった対ドル為替レートは、1987年末には1ドル＝120円台の超円高となった。2年あまりで2倍の円高がもたらされたことになる。

2倍の円高になるということは、日本のすべての輸出商品に100%の関税をかけるのと同様の効果を持つ。大雑把な話をすれば、日本から輸出した商品の現地価格がいきなり2倍になってしまうということだ。

経済評論家のなかには「円高は日本経済が強くなった証拠なので円高のほうが望ましい」と言ったり、「輸入品を安く買えたり、海外旅行に安く行けるのだから、国民生活にとっては円は高いほどよい」などと解説する人もいる。もちろん、そういう側面もあるのだが、経済全体としてみると、円高は必ず経済にマイナスの影響を与える。

私は、シンクタンク勤務の時代、ずっと「経済モデル」という経済の模型を作って、さまざまなシミュレーションをすることを生業《なりわい》にしてきた。その経験で言うと、どんな経済モデルを使っても、円高は輸出の減少を通じて、必ず経済の失速をもたらす。実際、1985年に42兆円だった日本の輸出総額は、86年には35兆円、87年には33兆円と急減していった。

輸出不振は、日本の産業界で唯一高い国際競争力を守ったと言われる自動車産業にも襲いかかる。四輪車の輸出台数は1985年に673万台を達成していたのに、そこをピークとして、その後ずるずると減っていき、2022年には381万台と激減している。日本の自動車産業が世界一の地位を確保したのは生産拠点を海外に移したからなのだ。

同じことは、あらゆる製造業で起きているのだが、ひとつだけ私の個人的な趣味であるミニカーの事例を話させてほしい。

「3インチミニカー」と呼ばれる全長8センチ程度のミニカーは1950年代から1960年代にかけてイギリス・レズニー社の「マッチボックス」が世界市場を席巻していた。しかし、1960年代後半にアメリカ・マテル社の「ホットウィール」が登場すると、市場が激変した。ピアノ線の車軸を採用したホットウィールは高速走行が可能だったため、それまで子どもたちが指先で転がして楽しんでいたミニカーが、レールの上を猛スピードで走行する玩具に変貌してしまったのだ。

ホットウィールの爆発的なヒットに、マッチボックスも対応せざるをえなくなった。ピアノ線の車軸を採用するだけでなく、サイケ調の塗装や、現実には存在しない改造車のボディと、実車とはかけ離れたミニカーばかりをリリースするようになってしまった。これによりマッチボックスのファンは離れていった。

そこに登場したのが1970年に発売された日本の「トミカ」だった。実車に忠実なモデルである上に、トミカは世界最高の品質を当初から実現していた。私は、発売当初からのトミカをほぼすべて持っているのだが、初期モデルは発売から50年以上経つというのに、ボディや部品の傷みがないどころか、塗装の輝きさえ衰えていない。まさにメイド・イン・ジャパンの真骨頂だった。

もともと日本市場を意識して製造されたトミカだったが、すぐにその人気は世界に広がり、とくにアメリカ市場では大歓迎された。私は1980年の大学卒業直前に、グレイハウンドのバスでアメリカを一周する貧乏旅行に出かけたのだが、少し大きな街のスーパーマーケットでは必ずトミカが売られていた。ポケットカーと名付けられたトミカは、一つ99セント程度だった。

ところが、1985年のプラザ合意で市場は激変した。もともと子どものおもちゃだから、売価を2倍にしたら、誰も買ってくれなくなってしまう。ポケットカーは安い香港製や中国製のミニカーにとって代わられ、80年代のうちに市場から姿を消してしまったのだ。

そうしたことが、日本の製造業のあらゆる分野で発生し、日本経済は深刻な「円高不況」に陥った。まさにプラザ合意は、日本経済への「集団リンチ事件」だったのだ。

もちろん、日本の輸出を制限しようとするアメリカからの圧力はそれまでもあった。たとえば1981年の日米自動車交渉では、日本政府と自動車業界が、対米自動車輸出台数を前年実績以下に制限する「自主規制」を導入した。同様のことは鉄鋼や繊維でも行なわれていた。ただ、交渉の席で、日本側は徹底的に戦い、ギリギリの落としどころを探っていた。

一方、プラザ合意の場合は、急激な円高が日本経済に致命的な打撃を与えることが誰の目にも明らかであったにもかかわらず、日本政府は〝無条件降伏〟を呑んだのだ。常識的に考えて、ありえない政策決定が行なわれたことは間違いない。

2つ目の「ありえない政策決定」

じつはこの時期、「ありえない政策決定」がもうひとつなされている。1986年9月2日、つまり日本航空123便の墜落からほぼ1年後に行なわれた、日米半導体協定の締結だ。

1980年代、日本の半導体産業は世界シェアで50％を超えていた。半導体の売上げランキングでも世界1位がNEC、2位が日立製作所、3位が東芝……と日本企業が席巻していたのだ。

半導体に関する日米の貿易摩擦を解決する目的で結ばれたこの協定の内容は大きく分けて2つある。1つは日本の半導体の海外メーカーへの市場開放、もう1つは日本の半導体メーカーによるダンピング（不当廉売）の防止だった。「ダンピングの防止」といえば聞こえはいいが、その実態は「価格はアメリカが決める」というとんでもない要求だった。

さらに、この日米半導体協定には、表向きの協定とは別に「秘密書簡（サイドレター）」

が存在していたことがのちに明らかになる。それは日本市場で外国製品のシェアを5年以内に20％以上とするという合意だった。そもそも日本政府が、日本市場での外国製品のシェアを保証するのはGATT《ガット》（関税及び貿易に関する一般協定／現在のWTO［世界貿易機関］の前身）の協定に違反することになる。だから、「秘密書簡」という形をとったのだ。つまり、国際法を無視してまで日本はアメリカの軍門にくだることになったのだ。

これ以降、日本の半導体産業は徐々に失速し、1993年には世界シェアでアメリカに逆転される。現在の日本のシェアは10％を割り込み、最先端技術と言われる回路線幅2ナノレベルの半導体を生産する技術は、日本には存在しない。

もちろん、日本の半導体産業の凋落には、さまざまな要因が複合的にからみ合っている。たとえば、現在、世界最大シェアを誇る台湾は十分な環境対策をせずに低コストの半導体を製造して大きく伸長したという側面もあるし、日本の半導体メーカーの戦略ミスといった側面もある。

だが、1986年9月の日米半導体協定が凋落のきっかけになったのは疑いようのない事実なのだ。

そして、これらの政策決定の背景には、日航123便の墜落事件があったとしか、私には考えられないのだ。

第3章での私の見立てが正しいとすると、日本政府は日航123便の墜落の責任をボーイング社に押し付けたことになる。ボーイング社の顔に泥を塗ったのだから、大きな見返りが必要になる。それだけではない。日本政府はそのことがバレたら、政権が確実に崩壊するほどの大きなウソをついてしまった。だから、アメリカに「123便のことをバラすぞ」と脅されたら、なんでも言うことを聞かざるをえなくなってしまったのだ。

日米間で、1989年から1990年までの2年間、5回にわたって、日米構造協議が行なわれた。日米構造協議は、英語で、Structural Impediments Initiative と言い、中央官庁の間では頭文字をとって「SII」と称された。SIIの目的は、日本の市場開放を進めるために日本が抱える構造的障壁を取り除くというものだった。これはまさにアメリカのやりたい放題だった。日本の市場にちょっとでも気に入らないところがあると、アメリカは「構造的障壁だから撤廃せよ」と主張するのだった。

当時、私はシンクタンクに勤めていて、この交渉のお手伝いをしていた。日米交渉自体は政治家と官僚がやるので、私はそのための資料を作ったり、資料を運搬したりすることがおもな業務だった。要は「使い走りの小僧」だ。

日本に私のような「小僧」がいるのと同じく、アメリカにも「小僧」がいる。彼らと話しているとき、アメリカの小僧が私にこう言った。

「交渉のはずなのに、なぜ日本は全部アメリカの言いなりになんでもかんでも受け入れるんだ？」

私は答えに窮してしまった。

そして、この対米全面服従は、さらなる被害を日本経済に与え続けていくことになる。

バブルはこうして発生した

プラザ合意による超円高が訪れた後、日本経済は深刻な景気後退に突入した。政府と日銀は景気悪化を食い止めるため、大きな財政出動と大胆な金融緩和を重ねる大規模経済対策に打って出た。

まず財政政策を見ると、公共事業費（実質公的固定資本形成）の伸びは、1986年が3・9％、1987年が5・1％、1988年が5・5％、1989年は▲0・4％となっている。高いと言えば高いのだが、とてつもなく大きいというわけではない。

一方、日銀は、それまで5・0％だった公定歩合を1986年1月に4・5％に引き下げた。その後、同年3月に4・0％、同年4月に3・5％、同年11月に3・0％と急激な引き下げを行ない、１９８７年２月に２・５％の最低水準まで引き下げた。急激な金融緩和によって、円高不況に対抗しようとしたのだ。

そのなかで、日経平均株価は１９８５年末に１万３１１３円だったのが、１９８６年末に１万８７０１円、１９８７年末に２万１５６４円、１９８８年末に３万１５９円、１９８９年末に３万８９１５円と、株価は４年間で約３倍に値上がりした。

不動産価格も急騰した。全用途平均の市街地価格指数（２０１０年３月末＝１００）は、１９８５年に１５９・４だったのが、１９９０年には46％高の２３３・３となり、翌１９９１年には２５７・５と最高値となった。

世間では、財政出動と日銀の金融緩和がバブルをもたらしたと言われていて、私もそうだと思っていたのだが、財政出動の規模はたいしたものではないし、公定歩合も２・５％まで下げただけだ。それでバブルになってしまうなら、近年のゼロ金利政策はもっと大きなバブルを引き起こしているはずだ。

私はバブルを引き起こした最大の原因は日銀の「窓口指導」だったと考えている。日銀は、それぞれの銀行ごとに貸出の伸び率の上限を指示する「窓口指導」をずっと行なってきた。バブル期には、表向き１９８０年代後半には廃止されたことになっていたが、それが存続していたことを私は知っていた。

というのも、私が勤めていたシンクタンクが銀行の子会社で、私が入社したころは、研究員の多くが銀行からの出向者だったからだ。そして、バブル期の窓口指導がとてつもない圧力を銀行に与えていたことが最近になって次々と明らかになってきた。

たとえば、『最後の頭取――北海道拓殖銀行破綻20年後の真実』（河谷禎昌著、ダイヤモンド社、2019年）で、「バブル期には、日銀の窓口指導で各行に前期比3割増といった大きな貸出枠が与えられた」と河谷元頭取は証言している。

貸出枠の伸び率は銀行によって大きく異なる。統計があるわけではないが、私が聞いた話では、少なくとも1割増程度の枠は各行に与えられていたようだ。

銀行は、日銀から与えられた貸出枠は必ず消化しなければならない。そうしないと翌年の貸出枠を減らされてしまうからだ。役所が獲得した予算を必ず消化しようとするのと同じ行動原理だ。

ところが、世の中は円高不況の嵐が吹き荒れていて、新たな資金需要はほとんどない。本来、銀行は不動産や株式の投機にカネを貸すことを許されていないのだが、そんなことは貸出の稟議《りんぎ》書を書くときにうまく誤魔化せばよい。結果的に、銀行は投機に手を貸す形で、融資を拡大させていった。そのことがバブル発生の最大の要因になったのだ。

しかもこの投機資金への融資はしばらくはうまくいった。株価や地価が急騰したことで、十分なリターンを獲得したからだ。

しかし、バブルは必ず弾ける。暴落は1990年の年初から始まった。

バブル崩壊から逆バブルへ

市場最高値となった1989年12月末の日経平均株価は3万8915円だった。以降、1年ごとに年末の株価を見ると、1990年は2万3848円、1991年は2万2983円、1992年は1万6924円と、株価は「つるべ落とし」で下がっていった。誰の目にもバブル崩壊は明らかだった。

本来ならバブル崩壊を財政金融政策で緩和しなければならない。ところが、ここでじつに不思議なことが起きたのだ。

不動産向け融資の伸び率を金融機関の総貸出の伸び率以下に抑えるように大蔵省が指導する「総量規制」を導入したのは1990年3月27日で、バブルが崩壊してから3カ月も経ってからだった。

しかもこの総量規制が解除されたのは翌1991年の12月だった。バブルを抑制するために導入するのならともかく、バブル崩壊後にこんな指導をしたら、バブル崩壊後の谷を深くするに決まっている。実際、不動産の価格、とくに大都市商業地の地価は、バブル解消を通り越して、はるか深い谷（逆バブル）に沈み込んでいった。

逆噴射をしたのは日銀も同じだ。バブル崩壊後の1990年3月20日、日銀は公定歩合をそれまでの4・25％から5・25％に引き上げている。さらに1990年8月30日に公定歩合を6・0％まで引き上げた。さすがに公定歩合は6・0％をピークに1991年7月1日に5・5％に引き下げ、その後1995年9月8日に0・5％となるまで、段階的に引き下げている。ただ、バブル崩壊後1年以上にわたって逆噴射を続けたことは事実だ。

それどころか、資金供給の面ではもっと恐ろしいことが起きている。日銀が自由にコントロールできる資金供給量をマネタリーベース（現金＋日銀当座預金）と呼ぶ。

そのマネタリーベースの対前年伸び率を各年の12月の数字で見ていくと、1989年が12・6％だったのに対して、1990年は6・6％、1991年は▲2・8％、1992年は1・4％、1993年は3・7％、1994年は4・0％、1995年は6・1％となっている。つまり、バブル崩壊の後、資金供給という面からいうと、日銀は少なくとも5年にわたって金融引き締めに走ったことになる。

なぜ、大蔵省と日銀は、常識では考えられない引き締めをバブル崩壊後も続けたのか。

その理由は、正直言って、よくわからない。財務省と日銀が罹患している「引き締め病」のためか、アメリカからの圧力に屈したのか、明確な証拠はどこにもない。

ただ、はっきりしていることは、「市街地価格指数」で見ると、6大都市圏の商業地の地価は、1990年から2000年にかけての10年間で、5分の1に大暴落した。そして、戦後の日本経済を支えてきた「株式の持ち合い」と「不動産担保金融」が崩壊に向かったのだ。

日本の高度経済成長を支えた仕組み

1980年代前半まで、日本は外資系企業がほとんど存在しない稀有な国だった。私は1980年に大学を卒業したのだが、当時の大手の外資系企業というのは日本コカ・コーラと日本IBMくらいだった。

なぜ、そんなことが起きていたのか。私は「株式の持ち合い」と「不動産担保金融」が存在したからだと考えている。

「株式の持ち合い」というのは、取引関係にある企業間でお互いの株式を持ち合う仕組みだ。銀行と融資先企業、あるいは財閥系企業の場合は、グループ内企業で株式を持ち合っていた。この仕組みがあると、企業を乗っ取ろうと思っても、持ち合いをしている企業は仲間の企業の株式を売らないから、外部の投資ファンドはそもそも乗っ取りを実現できない。

もう一つ、「不動産担保金融」というのは、銀行が融資をする際に融資先企業が持つ不動産を担保として取る仕組みだ。この仕組みのおかげで、銀行はきわめて低いリスクで融資をすることができる。仮に融資先企業が返済できなくなっても、担保の不動産を処分すれば、資金を回収することができるからだ。そのため、企業にとっては、銀行から経営への過度の干渉を受けることなく安定的な資金を調達できるし、銀行もリスクの小さい、安定的な経営が可能だ。不動産担保で焦げ付きが抑えられているから、低金利での融資もできる。

実際、日米の銀行の融資の利ザヤを比較すると、日本の銀行の利ザヤはアメリカの半分だった。企業にとっては安い金利で事業資金が調達できるのだから、産業競争力の強化につながる。日本の高度経済成長を支えた大きな仕組みがこの「不動産担保金融」だったのだ。

そんな素晴らしい仕組みなら、アメリカもやればよいと思われるかもしれないが、アメリカの国土は広大すぎて日本のような高い地価がつかない。だから、アメリカは不動産担保金融をやりようがない。

しかし、その日本の株式の持ち合いや不動産担保金融の仕組みを崩壊させる方法があった。
①不動産バブルを起こし、②バブル崩壊後の谷を思い切り深くし、③不良債権処理を断行する、という方法だ。
プラザ合意後、くしくも日本経済はこのシナリオどおりに動いていくことになる。

私の、人生最大の後悔

バブルが弾け、商業地の地価の大暴落で発生した最大の問題が「不良債権」だった。

不良債権というと、バブル期に調子に乗った企業が誰もお客が来ないようなテーマパークを建設し、それが経営破綻して、融資が焦げ付いたというようなイメージを持つ人が多いかもしれない。もちろん、そうした事例もいくつかあったのだが、不良債権の大部分は「担保割れ」だった。

不動産担保金融の場合、銀行が融資をする際に、融資先企業の不動産を担保として取る。思い切り単純化して言うと、１００億円の融資をする場合は、１００億円分の不動産を担保に入れてもらうのだ。ここで、不動産価格が5分の1に暴落して20億円になってしまうと、銀行は担保を処分しても20億円しか回収できないから80億円分の担保不足になる。この額が不良債権だ。

不良債権が発生した場合の対処法は、基本的に2つしかない。

1つは放置することだ。不良債権先になったということは、経営が行き詰まったということと一致しない。地価が戻れば、不良債権問題は自然と解消していく。2024年現在、都心の商業地の地価はバブル期を大きく上回っている。だから、不良債権処理を断行しなければ、日本経済はほとんど傷も負わず、順調な成長を実現していただろう。

2つ目の不良債権への対処法は、不良債権先の企業を破綻処理することだ。不良債権処理の断行を主張する論者は、「地価がいつ戻るかなんて、誰にもわからない。もっと地価が下がるかもしれないのだから、リスクを避けるためには不良債権処理を進めざるをえない」と言う。不良債権先の企業は〝生体解剖〟され、二束三文でハゲタカファンドに叩き売られる。担保割れをしている企業を潰すのだから、銀行も融資の回収ができずに大きな傷を負うことになる。

この不良債権に対する2つの対処法の対立は、バブル崩壊後、1990年代の10年間にわたって続いた。

銀行は、不良債権処理の先送りを主張して、融資先企業を守ろうとした。融資先企業を潰せば、自分も返り血を浴びることになるのだから、当然と言えば当然だった。

政府も早期の不良債権処理には及び腰だった。とくに2001年1月に初代金融担当大臣に就任した柳澤伯夫《はくお》氏は「日本が抱えている不良債権の問題は金融庁の政策の範囲を超えており、その解決のためには金融政策の変更が必要」との考えを強く打ち出した。今から振り返ると、柳澤大臣の主張は真っ当で、金融緩和に転じて逆バブルを解消すれば、不良債権の問題は自然に解決される問題だったのだ。

しかし、政府は、不良債権処理の方向に大きく舵を切ることになった。小泉内閣が誕生したからだ。

じつは、私にはこれまでの人生のなかで最大の後悔がある。それは小泉内閣の誕生にほんの少しではあるが、手を貸してしまったことだ。

2001年4月に自民党総裁選が行なわれたとき、私はテレビ朝日の「ニューステーション」のコメンテーターをしていた。番組では自民党総裁選に立候補した4人の候補者による生討論会が行なわれることになった。本命の橋本龍太郎、対抗馬の麻生太郎、大穴の亀井静香、泡まつ候補の小泉純一郎の4人だ。

生放送の30分ほど前、私は司会の久米宏さんに呼び出された。

「森永さん、悪いんだけど、今日の討論会は実質的に日本の総理大臣を決めることにつながる大切な討論会なんだ。だから、僕に仕切らせてくれないか」

「何言っているんですか。この番組は久米さんの番組ですよ。そんなの当然じゃないですか」

「そういうことじゃなくて、僕が仕切るから、議論の最中に森永さんは口を挟まないでほしいんだ。ただ、森永さんもコメンテーターとしての立場があるだろうから、最後の質問は森永さんにまかせる。誰に何を聞いてもかまわない。その条件でどうですか？」

「もちろんです。承知しました」

討論がスタートすると、橋本、麻生、亀井の3候補は、饒舌に自説を語った。ただ、そこには力強いビジョンも希望をもたらす政策も感じられなかった。3人の議論が淡々と進むなか、久米さんが私に目配せをしてきた。もう時間がいっぱいだから、最後の質問をしてほしいというサインだ。

そこで、私の小心者ぶりが出てしまった。討論のなかで、小泉候補だけが黙って聞き耳を立て、ほとんど発言をしていなかった。そのとき、私は「バランスを取らなくては」と思ってしまったのだ。

私は質問する予定のなかった小泉候補に、最後の質問を振り向けた。

「小泉さんは厚生大臣を務めていらしたので詳しいと思うのですが、今後の日本の公的年金制度をどのように改革していこうと思いますか？」

小泉純一郎氏はここぞとばかりに、私の質問を無視して、こう叫んだ。

「この3人のような派閥同士の足の引っ張り合いをしているから自民党はダメなんだ。私は自民党をぶっ壊す。構造改革だ！」

そこで時間が来て、番組はCMに入った。小泉氏は4人のなかでもっとも強烈なインパクトを残すことに成功した。

その瞬間、私は「やられた」と思ったが、あとの祭りだった。

そこからの総裁選の展開は驚くべきものだった。小泉候補の天才的なトーク能力に自民党員は酔いしれた。泡まつ候補だった小泉純一郎は、最終的に298票を獲得し、次点の橋本龍太郎氏の155票にダブルスコア近くの大差をつけて勝利した。とくに県連票（地方票）では、小泉候補123票、橋本候補15票と圧勝だった。

この小泉劇場に国民は熱狂することになる。

「小泉構造改革」の正体

小泉総理の就任直後だった。2001年9月11日に、ニューヨークで同時多発テロが発生した。建国以来初めてアメリカ本土が攻撃されたのだ。大混乱のなかで株価は下落し、アメリカ経済は深刻な危機に立たされた。小泉総理はテロ直後の2001年9月25日にホワイトハウスにブッシュ大統領を訪ね、こう奏上した。

「日本は、新法を準備してでも、アメリカの武力報復に自衛隊を派遣したいと考えております」

ブッシュ大統領の答えはこうだった。

「アメリカ経済はテロで大きな打撃を受けたが、経済安定のために、やれる政策はみなやっている。日本も経済安定のために不良債権処理をぜひとも実行してほしい」

小泉総理の回答はこうだった。

「今後、2～3年で処理します」

そして、前述の日米構造協議を発展させる形で誕生したのが、2001年に小泉純一郎総理とブッシュ大統領の間で始まった「年次改革要望書」だった。

年次改革要望書は、形式上はアメリカと日本の双方がそれぞれの国に対して、ここを構造改革してほしいという要求を出し、お互い話し合いをするという形式になっている。

だが、私がこれまで見てきたなかで、日本政府がアメリカに突きつけた要求で通ったものはおそらくひとつもない。年次改革要望書の実態は、アメリカの言いなりに日本の構造改革を進めていくものなのだ。つまり、アメリカは毎年毎年いくらでも日本の経済政策を変更できる権利を擁している

ことになる。

その後も、アメリカからの矢継ぎ早の不良債権処理要求は続いた。そして2～3年という期限を待たず、わずか1年で小泉総理は決断した。

2002年9月30日、小泉総理は、柳澤伯夫金融担当大臣を更迭。その後任に選ばれたのが竹中平蔵氏であった。

小泉内閣の打ち出した大きな政策は、郵政民営化と不良債権処理だった。国民の目には、一見、新しい政策に見えたようだが、両方ともアメリカが突き付けていた対日改革要求だった。小泉構造改革とは、アメリカの思いどおりに日本経済を改造する政策だったのだ。

珍妙な経済理論

もちろん、小泉総理も、そして彼が招聘した竹中平蔵氏も、「アメリカのために構造改革をする」などとは口が裂けても言わなかった。その代わりに珍妙な経済理論を持ち出した。

その典型が「郵政民営化をすると日本経済は復活する」「郵政民営化をすれば、郵便事業は競争原理によって料金が低廉化し、サービスが向上する」というものだった。

この理論がインチキであったことは、郵政民営化から20年が経過して、明らかになってきた。２０２１年10月から普通郵便の土曜日配達がなくなり、２０２４年秋からは郵便料金が３割程度の大幅な値上げとなる予定だ。

なぜ、そんなことが起きたのか。答えは簡単だ。郵便局では、郵便・貯金・簡易保険の３サービスが同時に提供されてきた。

郵便事業は、手紙や小包を運ばないといけないので手間もコストもかかる。ところが、郵貯と簡保は右から左にカネを流すだけだから儲かるのだ。郵便局は、この郵貯や簡保の儲けを郵便に横流しすることで経営を成り立たせるビジネスモデルだったのだ。

ところが、郵政民営化で、3事業を別会社にする形で壁を作ってしまった。郵便事業が追い詰められるに決まっているのだ。じつは、アメリカ側からの対日要求に郵便事業は含まれていなかった。ターゲットはあくまでも郵便貯金なのだ。

ここは本稿のテーマではないので詳しくは記さないが、郵便貯金の200兆円という残高は、日本国民が少しずつ貯めてきた大きな資産だ。しかし、それを郵便貯金という岩盤のなかに閉じ込めていたら、ハゲタカは手出しできない。

そこで「新NISAだ」「貯蓄から投資だ」と言って国民を煽り、元本保証の郵便貯金を元本保証のない投資信託に誘導する。今の株式相場は史上最大規模のバブルになっている。それは早晩、弾けるだろう。利益を享受したハゲタカたちは高値で売り抜ける。そのとき、バブル崩壊のババを引くことになるのは、日本国民がコツコツと貯めてきた郵便貯金なのだ。

話を本題に戻そう。小泉構造改革がもたらしたもう一つの珍妙な経済理論が、「大手30社問題」だった。

新しく金融担当大臣に就任した竹中氏は「金融再生プログラム」を作成し、そのプロジェクトチームのリーダーとして金融庁顧問に木村剛《たけし》氏を据えた。彼が持ち出したのは次のような理論だった。

「日本経済が低迷している最大の原因は、不良債権問題である。パイプのなかに不良債権というゴミが詰まっていることが、日本経済の効率的な資源配分を妨げている。このゴミを取り除かない限り、日本経済の再生はない。

不良債権の問題は、流通、建設、不動産という特定業種で膨大な過剰債務を抱える大手30社の問題だ。そこで塩漬けになっている資金が成長産業に回っていかないことが日本の成長を阻害している。現在、銀行は大手30社にリスクに見合った引当金を積んでいない。

不良債権処理の方法で、融資先企業との関係を断ち切る直接償却と、引当金を積む間接償却の区分けは意味がない。銀行が、経営実態を適切に表す決算をしていないことが問題なのだ」

そして、金融再生プログラムの最大のポイントは、不良債権の査定にアメリカ式のディスカウント・キャッシュ・フロー（DCF）法を採用することだった。

DCF法とは何か。日本の銀行には「引当金制度」というものがある。銀行が融資をすると多かれ少なかれ、必ず焦げ付く。そこで銀行は、融資に際して「引当金」を積んでおき、万が一のときには、その引当金で融資の焦げ付きを穴埋めするという仕組みを取っている。

金融再生プログラムが導入される以前、銀行はこの引当金を過去の平均的な倒産確率で積んでいた。たとえば、融資をして平均1％が焦げ付いていたとすると、どの融資に関しても1％分が焦げ付くとみなして引当金を用意していたのだ。平均的な焦げ付き率だから、銀行によってその水準に差はなかった。

ところが、DCF法では、融資先の企業ごとに将来の収益を予測して、そこから得られる収益でどれだけ融資を返済できるか推計する。返済できない分を引当金として計上するためだ。

たとえば、銀行がある企業に100億円の融資を10年返済で貸したとする。毎年10億円ずつの返済だ。従来は、過去の倒産確率が2％だったとすると、銀行は100億円×2％＝2億円の引当金を積んでおけばよいことになる。

ところが、DCF法では企業の将来のキャッシュフローに基づいて返済ができるかどうかを判定する。

融資の時点で、企業の収入が100億円、経費も100億円だったとしよう。割引率はゼロと仮定する。ここで景気がよくなり、企業の収入が2％ずつ伸びていくと仮定すると、ごく大雑把に10年間で企業の手元に117億円の返済原資が残ることになり、100億の融資を全額返済できる。つまり、不良債権ではないのだ。

では、企業の売上げが1％しか伸びないと仮定するとどうだろうか。10年後の返済原資は57億円で43億円が返済不能という計算になってしまう。つまり、銀行は43億円の引当金を計上する必要が出てくる。

さらに企業の売上げがまったく伸びないと仮定すると、10年後の返済原資は0億円で全額が返済不能になる。つまり、銀行は100億円の引当金を計上する必要が出てくる。

理論的にはもっともらしいのだが、未来のことなんて誰にもわからない。つまり、DCF法を採用した途端、引当金の額は自由自在に決められることになる。融資先企業の将来収益を少し低めに見積もるだけで、銀行経営が不可能になるほどの引当金を積まないといけない、じつにおかしな仕組みだった。

ざっくり言うと、木村氏の主張は、流通・建設・不動産の大手30社を不良債権処理で潰せば、日本経済は復活するという珍妙な理論だ。

大手30社の抱える債務は24兆円で、問題企業への融資総額150兆円の6分の1にすぎない。そんな小さなウエイトの不良債権を処理してもなんの効果もないことは明らかだった。

じつは、流通・建設・不動産の大手30社というのは、都心部の一等地に莫大な不動産を保有する企業だった。その不動産を生贄《いけにえ》として差し出せと言うのがハゲタカファンドの要求であり、大手30社問題の本質だったのだ。

当時、私は大手30社問題がインチキであることを声高に叫んだ。しかし、相手にしてくれるメディアはほとんどなかった。

理由は2つあった。1つは、テレビ制作スタッフの金融リテラシーの低さだ。彼らは、金融のことをふだんから扱っているわけではない。だから、不良債権処理の特集を作れと言われても、立ち往生してしまうのだ。ところが、木村剛氏のところに電話を1本かけるだけで、彼の事務所スタッフを使って、台本からフリップから完璧な素材が無償ですぐにできあがってくる。もちろん、そこには「大手30社問題さえ解決すれば、日本経済が再生する」という巧妙なウソが隠れている。

もう1つは銀行悪者論だ。当時、銀行員に対する世間の目は冷たかった。エリートへのひがみもあったのだろう。貸し渋り、貸しはがし、高給取り、横柄な態度など、メディアは銀行を叩けば叩くほど視聴率が取れた。

こうした状況の下で、UFJ銀行（当時）は、①「景気が良くなる高成長ケース」、②「馬なりの中成長ケース」、③「景気が低迷する低成長ケース」の3パターンで引当金を計算していた。金融再生プログラムで、DCF法を指定された以上、銀行側としては複数のシナリオを作って引当金を見積もらざるをえなかった。そのなかで「低成長ケース」の予測もしていたのだが、それが竹中・木村側にバレれば莫大な引当金を積まされることになる。

そこに「金融庁から特別検査が入る」という情報が飛び込んできた。

UFJ銀行の経営陣は「②中成長ケースと③低成長ケースの資料を隠せ」という指示を出した。そんなものを竹中大臣に見せたら、何をされるか、わからないからだ。資料はダンボールに詰められ、別フロアの廊下に積み上げられた。

ところが、体制に不満を持つ、あるUFJ銀行行員が金融庁に密告電話をかけた。

「これから特別検査にいらっしゃると思うんですけれど、今うちの経営陣の指示で見られたくない資料がダンボールに入れて積み上げられています」

金融庁の特別検査チームがやってきた。彼らは開口一番こう言った。

「都合の悪い資料を隠してないだろうな」

積み上げられたダンボールから、都合の悪い資料が次々に出てきた。金融庁は手のひらを返した。

「おまえらの言うことはもう二度と信用できない。不良債権の査定は全部こっちでやる」

金融庁は怒り、不良債権の査定は銀行にやらせずに、自分たちで行なうことにした。そして、なんの問題もない正常債権も含めて、片っ端から〝不良債権〟認定をしていった。その総額は１兆円近いと言われている。それは現実を無視した莫大な引当金をＵＦＪ銀行に積ませることにつながった。

さすがにそんな巨額の〝逆粉飾決算〟をされたら、ＵＦＪ銀行は生き残っていけない。ＵＦＪ銀行経営陣は竹中大臣を訪ねて、「生き残るために東京三菱銀行と合併させてください」と懇願した。竹中大臣の答えはこうだった。

「ＵＦＪ銀行が抱えている大口不良債権を全部きれいにしてから合併しろよな」

結局、こうしたことが積み重なって、本来は処理する必要などなかった企業資産が〝不良債権処理〟の名のもとに二束三文でハゲタカに売り飛ばされた。日本が戦後営々と築いてきた大切な企業資産がまるでマグロの解体ショーのように次々と叩き売られていった。これこそが小泉不良債権処理の正体だった。

そして、これが日本航空１２３便の墜落以降、日本が受け入れた経済政策の結末であった。

あとがき

ここまでお読みいただいて、いかがだっただろうか。

この30年間、日本経済は転落の一途をたどった。かつて世界シェアの2割を占めていた日本のGDPは今、4・2%まで転落している。

なぜ、こんなことが起こったのか。私は原因は2つだと考えている。

1つは財務省が進めてきた必要以上の財政緊縮政策。財政をどんどん切り詰め、国民生活を破壊する。これに関しては前著『ザイム真理教』に詳しく書いた。

そして、もう1つが本作で述べた日本航空123便の墜落事故に起因する形で日本が主権をどんどん失っていったという事実だ。国の経済政策をすべてアメリカにまかせてしまえば、経済がまともに動くはずがない。

日本がいつまでたっても主権を取り戻せないでいるのは、単に日本航空123便の墜落原因についてボーイング社に泥をかぶってもらったという事実だけではない。123便墜落の根本原因をアメリカに口裏を合わせてもらい40年近く隠蔽し続けている日本政府は、ウソをついたという事実に服従せざるをえなくなっているのだと私は考えている。

ただ、発想を変えれば、こうした問題の解決は容易だ。日航123便のコックピット・ボイスレコーダー、そしてフライトレコーダーは現物が残されている。今からでも本当の墜落原因を科学的に立証できるわけなのだから、勇気を持って、この123便の墜落原因を国民の前に明らかにする。これだけで日本は主権を回復する独立国家への道を歩むことができるようになるはずだ。

私は、四半世紀にわたってメディアの世界で生きてきた。だから、メディアの力を信じている。

旧ジャニーズ事務所の問題では、2023年末時点でジャニー喜多川氏による性的暴行の被害を受けたという人が940人も被害申告をしている。われわれは1000人近い少年に性加害が行なわれたという人類史上最大の凌辱事件を見て見ぬふりをして放置してきた。それがメディアが動いたことによって、事態は大きく変わった。2023年の紅白歌合戦に旧ジャニーズ事務所のタレントは1人も出演しなかった。さらに私が何より驚いたのは、旧ジャニーズ事務所を辞めたタレントが、その直後に別のテレビ番組に出演できるようになったことだ。一般の労働市場では当たり前のことが、ようやく芸能界においても行なわれるようになったのだ。

岸田政権が進めてきた増税も、2023年には一時的ではあるにせよ、増税路線がストップされた。２０２５年からまた増税路線は始まるのだが、国民のなかにひとつの疑問が生まれたことは事実だと思う。それは、本当に増税一辺倒でよいのかという疑問だ。

私がずっと疑問を呈し続け、しかし私一人の力ではどうすることもできなかった日航１２３便の事件も、ジャニーズ問題のときのようにメディアが動いてくれさえすれば、事態は変えられるのではないかと考えている。

２０２３年12月、私はすい臓がんステージ４の告知を受けた。告知の瞬間、私は、何かを食べたいとか、どこかに行きたいとか、そんなことは微塵も考えなかった。なんとか自分の命のあるうちにこの本を完成させて世に問いたい。そのことだけを考えた。

その意味で本書は、私の40年にわたる研究者人生の集大成であると同時に、私の遺書でもあるのだ。

２０２４年１月

森永卓郎

森永卓郎◉もりなが・たくろう
1957年、東京都生まれ。経済アナリスト、獨協大学経済学部教授。1980年に東京大学経済学部を卒業後、日本専売公社（現在のJT）に入社、予算を握る大蔵省（現・財務省）に「絶対服従」のオキテを強いられる。その経験を原点として、「財政均衡主義」という教義のもとカルト化する財務省に斬り込んだ『ザイム真理教』がベストセラーに。本書では、四半世紀に及ぶメディア活動で見聞きしてきた〝3つのタブー〟に挑み、その背景に存在する「真相」を描き出す。2023年12月、ステージ4のがん告知を受ける。

書いてはいけない

二〇二四年　三月二〇日　初版発行
二〇二四年　一一月二四日　十七刷発行

著　者　森永卓郎
発行者　中野長武
発行所　株式会社三五館《さんごかん》シンシャ
〒101-0052
東京都千代田区神田小川町2-8　進盛ビル5F
電話　03-6674-8710
http://www.sangokan.com/
発　売　フォレスト出版株式会社
〒162-0824
東京都新宿区揚場町2-18　白宝ビル7F
電話　03-5229-5750
https://www.forestpub.co.jp/
印刷・製本　モリモト印刷株式会社

ISBN978-4-86680-936-6

19万部突破
ザイム真理教
大手メディア黙殺中のベストセラー
それは信者8000万人の巨大カルト
財務省
権力と財務偶像の公僕は
財務省
権省と政務偶
公財傀
自はのなった!
「消費税引き下げなんて無理でしょ…」
――そんなあなたの洗脳を解除する本
森永卓郎
イラスト：大嶋奈都子
定価：1540円(税込)
三五館シンシャ 〒101-0052 東京都千代田区神田小川町2-8
http://www.sangokan.com/
発売 フォレスト出版 〒162-0824 東京都新宿区揚場町2-1